銀行から融資を受ける前に読む

資金繰り表を活用した事業再生術

株式会社アセットアシストコンサルタント
大森雅美 著
MASAMI OMORI

旬報社

はじめに

中小企業の経営者が、どうすれば情熱をもって経営に取り組めるようになるのかを日々研究し続け、情報を発信しながら私たちは活動しています。昨今の中小企業の経営環境は、とても厳しい状況にあります。為替の変動や、景気や政治に左右されるといった話だけでなく、仕事の取引先が、グローバル化の流れの中で変化し、受注先であった大手企業がコストパフォーマンスを求めて東アジア圏を中心に国外に生産・販売拠点を求めた結果、国内での生産や販売、消費は縮小傾向にあります。

国の政策では、ものづくりを支援する制度が一方でありながら、国外への移転を支援する制度があります。どこか矛盾を感じます。最先端技術に支援する制度や転業支援の制度などは、利益が出せない中小企業の経営者に転業を促す制度なのか、と疑問すら感じます。長年技術を積んでいて年齢も高くなっている中小企業の経営者が多いなかで、儲からないからといって、新たな仕事に簡単に転業できるものではないというのが現実です。

税金に目を向ければ、消費税の増税は、売上そのものにかかってくるため、中小企業には経費化できない大きな現金の出費となります。さらに社会保険の料率も上がり続けています。個人にとっても、生活必需品の値上げや公共料金のアップで個人の可処分所得は下がっています。年金に目を向ければ、高齢者の受給年齢も年金額もさがり続け、将来に対する不安も増しています。不満や疑問に思うことはたくさんあります。

しかし、私たちはこの国で生きていきたいのです。だからこそ、日本の九九・七%を占める中小企業の経営者が、知識を得て、知恵を絞って、この本に出てくるような考え方を持ち、あきらめない、活力ある経営をしていく必要があると思っています。

『あきらめるのは早すぎる——大森雅美の目からウロコの事業再生術』が出版されてから二年が過ぎようとしています。前著は多くの方にご愛読いただくとともに、さまざまな方から共感も寄せられました。何人かの中小企業経営者から、自殺を思いとどまるきっかけとなったという声を聞いたときには、出版してよかったと思いました。

中小企業にとっていまだ景気回復の実感を得られない、地方経済の衰退が止まらない厳しい状況のなかで、私たちとともに再生に向けて活力を取り戻している経営者の数も増えてきました。

増税による消費の低迷、円安による原材料・エネルギー資源の高騰など、中小企業にとって利益を出していくことが難しい状況が続いています。消費税増税後の対応や金融円滑化法終了後の銀行対応など、経営環境に変化をもたらす本質的なことに目を向けて、経営の舵取りをしていきましょう。不安に囚われて行動できなくなる前に。

本書は、前著にたいしていただいた中小企業経営者をはじめとする読者の声を生かし、最近の経済環境、諸制度の変化をふまえ、今一度日本の中小企業経営者に活力を取り戻してもらうために、当社所属のコンサルタントであり、パートナーの大森が執筆しました。さらに弊社の監修を加え、事業を継続していくために知っておいていただきたい知識のコアなエッセンスを分かりやすいかたちで中小企業経営者であるあなたにお届けします。

二〇一四年一一月

株式会社アセットアシストコンサルタント
代表取締役　野呂一哉

知っておきたい基礎知識

おわりに

第１章
資金繰りに困ったときの心構え

本章のキーワード

・借金を返せなくても罪悪感をもたない
・借り手と貸し手は対等
・リスケジュールとデューデリジェンス
・支払いの順番を間違えない

再生コンサルタントの最初の仕事——経営者のマインドコントロールを解く

私は、再生コンサルタントという仕事をしています。依頼人は資金繰りに困った人です。もっというと、「倒産しなければいけないかな」ということが頭によぎった人です。その多くは、中小零細企業の経営者です。

資金繰りに行き詰まるというのは、借金に苦しむということとはちょっと違います。多額の借金をしていること自体に苦しんでいるのではなくて、今まさに支払いが厳しくなっている、今月支払うべきお金がない、仕入先や外注先への支払いができない、あるいは金融機関への返済ができないことで悩んでいるということです。

相談しに来る人のほとんどは、融資を受けていることについて、「借金は負い目」だと考え、「約束どおり返せないのはとんでもなく悪いことだ」という考え方をしています。この勘違い、マインドコントロールを解くことが私の最初の仕事となります。

借金を約束どおり返済できないことは、相手に対してバツが悪いかもしれませんが、払わないと開き直らないかぎり罪悪感をもつ必要はまったくありません。ところが、世間のほとんどの人が「返せない」ことはとてつもなく悪いことだと思い、返せないと信用を失い、仕事が続けられなくなる、といった過度の不安を抱きます。みなさん、「返せない」ことと、「踏み倒す」ということを同じだと考えていませんか。私は、その考え方が人を追いつめ、自ら命を落とすような不幸な結末を生んでしまうのだと思っています。

罪悪感をもたない――資金繰りに困ったときの心構え①

あなたが事業を起こしたとしましょう。世の中の人が何かしらのメリットを受けるモノやサービスを提供し、その対価を得る。取引先からモノを買い、取引先を儲けさせる。自分でも利益を出して、納税し、従業員も雇用して、家族の生活を支えていきます。そして、その事業を継続するために銀行から借り入れをして、銀行へは利息という形で儲けを取らせていきます。そして売上げも利益も資産も現状維持か右肩上がりで大きくなり順風満帆。

みんさんは、このような状況が景気動向にも左右されず永遠に続くということを、実現度としてどのくらいあると考えますか。私はそんなことはありえない、と直ぐに思います。

でも、貸し手である銀行は、この現状維持か右肩上がりの状況を一〇〇%当然と考えてシミュレーションせざるえません。そうでなければ、中長期の返済条件など設定できないでしょう。しかし、銀行も「永遠の現状維持、右肩上がり」などありえないとも考えているので、担保や連帯保証人といった万が一の時に回収できる手当てをしているのです。

ここで冷静に頭を整理して考えてみましょう。あなたは、世の中の役に立とうと事業を起こし、納税し、自分の家族だけでなく従業員とその家族までも支え、取引先にも儲けさせ、お金を用意してくれた銀行には利息という儲けを与え続けてきました。なんたる社会貢献でしょう。

一方、貸し手である銀行は、〝ありえないことだ〟とどこかでわかりつつも、現状維持、右肩上がりを前提に返済条件を設定して融資をし、返済を迫ります。なおかつ万が一のときのための担保や連帯保証人までとって契約で縛っています。

事業者は、為替変動で原材料が高騰したり、世の中の技術進歩や産業形態の変化などの影響でそれまでの事業形態のままでは衰退してしまう局面を迎えたり、少子高齢化という人口問題で働き手が減少したりと、自分ではどうにもできない要因で事業が斜陽化する事態を迎えることもあります。

そのようなときでも、貸し手の銀行は、その事業存続の危機の要因を自分のリスクとして取ることはしないのです。利率の変更によるリスクテイクは一事業者にしてみれば微々たるものです。物価が上がろうが下がろうが融資している額面は変わりません。とくに不動産などを担保に入れている場合、地価が上がろうが下がろうが融資を受けた時点での額面は変わらないのです。たとえば、地価がバブル期の一〇分の一になっていようとも、バブル期に借りた一億円は、今も一億円の返済義務を負わされます。

このルールのもとでは、事業が斜陽化し、資金繰り難に陥ったとき、事業者だけが多大なリスクを取らされることになります。リスクを取らされる事業者には、取引先もあれば、従業員もいますが、その事業がなくなることで、より多くの人の生活基盤が崩れる危険にさらされることになります。一方、貸し手である銀行には、回収しうる担保もあれば、連帯保証人もいる、さらには、サービサーや保証協会（後の章でお話しします）といった銀行が損をしない処理方法ももっています。担当者や支店長の生活基盤が崩れる危険などないのです。

このようなルールのもとで成り立っている銀行との貸借関係にあって、銀行にたいして約束どおりの返済ができないからといって、事業者であるあなたが罪悪感をもつ必要などないのです。銀行もあなたに融資すれば利息が儲かると判断して貸しているのですから。

罪悪感をもつと、銀行への支払いのために、より高利のお金を借りてしまったり、迷惑をかけられない人たちからお金を借りてしまったり、と事態は悪化していきます。間に合わせで銀行にたいして迷惑をかけないよう対応しても、実はあなたに見えない負債が増えるなど、信用が失われることになり、銀行にもより大きな迷惑をかけることにもなりかねないのです。

だからこそ、資金繰りに詰まって返済が困難になっても、「罪悪感をもつのをやめましょう」といいたいのです。

もちろん、お金があって支払える状況なのに、支払いたくないからと踏み倒したときの罪悪感は、擁護できる罪悪感ではありません。あくまで、真面目に事業をしていて、外的要因などでやむをえず支払いが困難になってしまったときに感じる罪悪感にたいして、私は全力でフォローしようと言っているのです。

逃げない——資金繰りに困ったときの心構え②

その場しのぎの借入を依頼することをやめると、当然、支払えませんから、「払うお金がないから話してもしようがない」と相手からの電話にも出ないといった行動にでてしまう人がいます。これは事態をより悪化させる行動です。

このような行動を起こす原因も罪悪感にあります。しかし、相手が銀行であっても取引先であっても同じですが、逃げずに、相手に現状と今後の対応として自分がどうしたいのかを説明することが、何よりも重要です。支払えないかわりに説明義務を果たしましょう。そして、いつ、いくらなら支払うことが可能なのかを提示する必要があります。それが明確でなく見えないとあきらめずに、今進めている仕事の入金があったらいくら支払うとか、なんとかわかる範囲で精一杯の提示をしましょう。そして、その支払いについて優先順位を付けていきます。

銀行への返済を猶予してもらうのであれば、その理由を明確にする必要がありますから、資金繰り表などを持って行って説明し、できることを話しましょう。それが相手への誠意であり、信頼関係の継続にも繫がります。相手も、今月もらえなくても、必ず数ヵ月以内にもらえると思えれば、協力もしやすくなります。「逃げずに説明する」ことです。

借り手と貸し手は対等

ここまでの話だと、借金が悪いもののように聞こえるかもしれませんが、私は、借金に関しては、プラスに考えています。借金をしないで経営するのがよいとよく言われますが、それは間違いだとも思っています。

無借金ということは、裏返せば、大きなビジネスチャンスがあるにもかかわらず、それをつかめていないということでもあります。ビジネスチャンスがあったときには、従業員を増やすとか、事業を拡大するとか、一時的に大きなお金が必要になるはずです。経営戦略が経営者にあれば、借金というレバレッジ（テコの原理で、少ない力で大きなものを動かすこと）は事業に有効に作用するのです。無借金経営というのは、私に言わせれば、経営者の自己満足でしかない。それでは従業員のモチベーションも上がらなくなるでしょう。

事業拡大に必要な資金を、利益の余剰分だけでまかなおうとすると、時間がかかってチャンスを逃してしまうかもしれません。ですから、前向きな借入れを私はむしろ推奨しています。

問題は、「融資を受けた。でも返せなくなった」ということをどう考えるかです。

後ろめたさや罪悪感は、〝お金の借り手より貸し手のほうが偉い〟と思う勘違いからきています。そして、融資を、まるで〝お上〟からの恩恵であるかのように錯覚してしまう。そうではなくて、「借り手と貸し手は対等だ」という考え方に切り替えてほしいのです。

そもそも、金融機関は、審査のうえでお金を貸したのです。「あなたの事業は見込みがあるので返せると判断したので貸します」ということです。返せなくなったとしたら、銀行の見立てが間違っていたわけで、責任は貸し手にもある。払えなくなった経営者の側だけに責任があるわけではないのです。つまり、かりに最終的に全部を返せなくなったとしても、自分だけの責任だと思わないでほしいのです。

銀行に返済できないということは、後ろめたいことでも、恥ずかしいことでもないのですから、逃げずに自分の状況を「いま苦しいです」と正直に言うことです。借り手は、「借りたお金を有効に事業に使って利息を付けて返せると思ったけどうまくいかなかった」、貸し手は、「これは良い儲け話だと利息を要求してお金を貸したが見込み違いだった」ということですから、借り手と貸し手に良い悪いの優劣などありません。借り手の失敗は、融資をすることで儲けられると判断した貸し手の失敗でもあるのです。

資金ショートにはまず「リスケジュール」を

変な見栄やプライドを捨てて、ビジネスライクに考えなくてはいけません。私が、資金繰りが厳しいと相談を受けたときにまず勧めるのが、金融機関への返済条件の変更（リスケジュール。「リスケ」ともいいます）です。

ちなみに、二〇〇九年一二月からリスケを制度として認めていた時限立法の中小企業金融円滑化法が一三年三月で期限が切れましたが、それでも相談できます。

仮に、毎月一〇〇万円の元金返済と利息の支払いという約定があるとします。その約条を変更して、元金の一〇〇万円の返済を一時的にストップし、一年間、月々払うのは利息だけにしてもらう。まず、こういう交渉を銀行と普通にできるんだという認識をもってください。毎月一〇〇万円を一二ヵ月返済しないということは、一二〇〇万円の融資を受けたことと同じ意味をもちます。金融機関は、会社が潰れて融資したお金が返ってこなくなるよりも、事業を継続し持ち直して返してもらいたいと思っています。利息である銀行の儲けは取れているのですから。

ところが、この簡単なことができない社長がいるのです。とくに七〇歳以上の年配の社長だと、あの銀行の支店長には恩義があるとか、あの担当は本当によくしてくれたから、返済を待ってなんてとてもいえないとか。

そうではなく、ビジネスライクに付き合わないといけません。銀行は、ありのままを伝えれば、対処法を全部自分たちでもっているのです。

知っておきたい基礎知識①
金融円滑化法

金融円滑化法は、2009年12月、亀井静香金融担当大臣（当時）が唱道して可決された時限立法である。この法律は、融資の返済条件の変更に応じるよう金融機関に促した点で画期的なものであった。

世界的不況のあおりで、中小企業の業績悪化が続くなか、回復まで３年間の猶予（モラトリアム）を与えようというのが立法の目的だった。中小企業の倒産を避け、雇用を守ろうとしたのである。

アベノミクスの金融政策で株価が上昇し、円安が進み、海外展開する大企業の業績は上昇したが、中小零細企業は円安による原材料の高騰で不況から脱することができていない。加えて消費税の増税で景気はいっそう冷え込んでおり、失業率も改善はしたが雇用が増えたのは非正規という状況である。この法律が中小企業に３年間の猶予期間を与えたことは、その期間内に景気は回復しているはずだということを意味した。中小企業の経営者の間では、景気回復が見られない以上、法律を継続するのが当然だという声が圧倒的であったが、時限立法である金融円滑化法は2013年３月で期限が切れた。

実はこの法律ができる前から、金融機関は、きちんと要求すれば、取引先企業の相談に乗りながら返済計画を見直したり、貸し付け条件を変更する交渉に応じてきた。だから、みなさんは、この法律が切れたからといって悲嘆する必要はない。いつでも、銀行に返済条件を見直してくれと相談にいくことができるのである。

問題は、多くの経営者が、そのことをいまだに知らないことにある。法律が切れたことをきっかけに、いつでも金融機関の返済条件の変更を交渉できるという認識が広まることが望ましい。

＊詳しく知りたい人は、金融庁のホームページを参照してください。

大きなくくりで言えば、銀行には市や都道府県の信用保証協会（略して保証協会）があり、債権管理回収業に関する特別措置法（サービサー法）があり、自分の懐が痛まない仕組みを全部もっています。借り手がどういう状態になっても銀行はあまり損をしない、やっていける仕組みができているのです。

ところが、返済に窮した借り手は、明日会社が潰れるかもしれない、首をくくって死のうかと思うくらい悩むのです。あの担当はよくしてくれたといっても、その人個人に返すのではありません。個人ではなくて、あくまで銀行と会社の付き合いという立場に立たないと、事業が死んでしまいます。恩情とか罪悪感とか、そういう感情に足をすくわれないようにすべきです。借り手と貸し手は対等だという意味をもう少し説明しましょう。金融機関には、債務者が返せなくなったときにも返済方法を相談できる仕組み、制度が用意してあります。返せないことが悪いのではなくて、債務者が、返せない状態を金融機関にきちんと伝えないのがいけないのです。返せないのだったら、かわりに説明責任を果たしましょう。それが対等ということです。

「今月はちょっと払えない」と言う

毎月滞りなく払わなければならない人とか、ここだけは払わないといけないという取引先があったとしても、そのお金がどうしてもできないのだったら、見栄とかプライドとかを捨てて、

知っておきたい基礎知識②

銀行が損をしない仕組み

そもそも銀行というものは損を出してはいけない。銀行が貸し出すお金は、預金者つまり他人(ひと)さまのお金であって、それがもし回収不能になったとしたら、預金者に損をさせてしまうことになる。

これを防ぐため、銀行の融資が回収不能になる事態をある程度回避できるようなシステムが存在する。それは本来、銀行を守るためというよりも、預金者の保護をはかるためである。

そのシステムの一つに信用保証協会（保証協会）がある。中小企業が金融機関から融資を受ける際、その債務を保証して中小企業の資金繰りを円滑にする目的で設立された公益法人である。

保証協会は、企業が融資の返済を滞らせた場合に、債務者であるその企業に代わって銀行に返済する「代位弁済」をおこない、銀行が損失を出さないようにする。その後、保証協会は、本来の債務者に対して債権者として立ち現われ、「代位弁済」で立て替えた分を払うよう要求する「求償権」を行使する。

金融機関は、保証協会をつけずに独自に融資することもある。この場合、回収できないお金については、金融機関が自分で処理することになる。ここに登場するのがサービサー(債権回収会社)である。

サービサーは、回収不能になった不良債権を、金融機関から安く買い取ったうえで債務者と交渉する。金融機関は、ゼロ回収よりはましと考え、もとの融資残高よりはるかに安い金額で、ときにはもとの金額の10分の1以下で売り渡す。

金融機関は、不良債権の処理を早くするよう政府に迫られており、受け取る金額が少なくなったとしても、その処理にかかる膨大な手間や時間を節約するため、サービサーを利用するわけである。

借手側の立場からは、それぞれの特徴を理解して適切に対応すれば有利な解決をはかることができる。

「それはいつ払うから、今回は待って」と言うべきです。

現実には、わずか一回か二回支払いができないといった場面でパニックになる社長が多いのです。〝払えない、どうやって逃れよう〟、それが行きつくところ夜逃げとか死ぬとかいう話になります。「今月払えない、では逃げるしかない」という発想はあまりにも安易です。

払えない状況なら、無理して払おうとするのをやめる。「今月はちょっと払えない」と言えばいいのです。今後ずっと払わないわけではない。今月だって仕事はしたはずで、来月いくらかは売上げが入ってくるでしょう、その中から支払い先に優先順位を付けながら、いくらかずつでも払っていけばいい。相手に迷惑をかけたくないなら、事業を継続することを考えましょう。それが苦しいのは充分わかります。だから、私が、お手伝いするのです。

私は、この仕事を続けて約一〇年、困難な状況の会社と出会い続けていますから、当事者の気持ちの変化を目の当たりにしています。払えなくなったときの経営者は、何も考えられなくなります。窮地に陥ると、頭が真っ白になってしまいます。そうすると、どうやって謝ろう、どこからお金をもってこようとか、ろくなことを考えない。安易に高利貸しから借りるという発想など、いつもの冷静な社長であれば絶対にしないのですが、追いつめられるとそうなってしまうのです。

後先を考えずに高利の資金を調達するくらいなら、堂々と「すまないけど、支払いを遅らせて」と言いましょう。そのうえで、立ち向かい方はいくらでもあります。

困っているのは銀行

借金といえば銀行からの融資が一番初めにくると思いますが、銀行への返済を、借りたときの約定どおりに払えないことで経営者は悩むわけですね。

銀行側は、貸したお金は約定どおり返してほしいけれども、破産とか法的手続きをされて返ってこなくなるほうがよほど嫌なことです。貸している債権を利息と一緒に返してもらいたいのが本音だし、銀行業務の根本です。

本来なら、約束事だから守らなければいけないのは当然ですが、銀行にしてみれば、〝払えないから、もう来月から一銭も返しません〟と言われたのではたまったものではありません。ですから、「なんとか折り合えるところを探しましょう」となる。

銀行は、「今月は払えないというなら、今後どうやって払っていくつもりか説明してほしい」と思っているはずです。

ではどういうことになるのでしょうか。まず銀行に行きます。当然、「苦しいからちょっと今月払えないよ」と言うだけでは銀行の担当者も納得してくれません。そこで、「どういう理由で今月払えないのか」、そして、「いくらだったら払えるのか」、「これからの返済計画は立つのか」ということを、ちゃんと自分で整理をして銀行の担当者に説明します。そうすれば、銀行の担当者も、会社を支援するためにお金を流すのが銀行の業務ですから、きちんと受け止めて対応してくれるものです。

もちろん、払えるのに払わないのはだめです。言語道断。しかし、理由があって本当に苦しいが、返済していく意思があり、誠意をもって説明するというのであれば、金融機関も相談に乗ってくれるということをまず知ってもらいたい。

こう考えると、金融機関に対するイメージが変わってくるでしょう。

もちろん、けっして優しい対応というわけにはいきません。銀行に行って担当者と会います。第一声は、みんな決まっています。「どうしたんですか、突然。急に言われても」と必ず言います。でも、そういう担当者の第一声にビクッとしないこと。「急に言われても」なんて言いますが、こういう話は急に決まっています。「六ヵ月先、払えなくなるかもしれない」と言いながら今払っている人はいません。

「何ですか、社長。そんな突然、今月払えないとか言われたって、対応できませんよ。今月はなんとかしてください」と言われたりするけれど、シュンとならないこと。あくまで対等の立場で「今月払えない理由があるから、相談にのっていただきたいと思って来ているのです」と話をしましょう。

今は、どこの銀行に行っても、担当者が真摯に対応してくれます。そうはいっても、返済計画が立たないなどと言われたのでは、やはり銀行の担当者も困ります。

こうなると、困ってくるのは社長ではなくて銀行の担当者です。銀行がいったんお金を貸すと、借りた社長側のほうが立場が強くなるように思えることがあります。

友人、知人どうしでもありますよね。貸した相手に返してくれと迫っても、借手が煮え切らない態度でお金を出そうとしない。すると貸した側が泣き出しそうな顔で借り手に懇願してしまう。そんな場面を思い起こさせます。

銀行の担当者も一人の人間なので、自分が銀行内で上司から「どうなってるんだ、どうするつもりだ、そんな説明ではダメだ」と責められれば、必死に社長を追及します。社長が逃げ回ると追い詰められます。だから、社長が協力してあげないと、脅し文句にもなります。「大変なことになりますよ。このままじゃ、取引できなくなりますよ（回収しますよ）」とか、言いたくもないことを言わざるをえなくなります。貸手と借手が対等であればこそ、協力関係が必要であることがわかりますね。

まずデューデリジェンスをおこなう

資金繰りが厳しくなったときに、銀行にどう対応すればよいか、その心構えを話してきました。そして、まず最初にすべき行動もお話ししてきました。では、その後、経営を本当に改善するにはどうしていけばよいのかを具体的に説明していきましょう。

条件変更の申請の際には、銀行から「経営改善計画書」を求められることになります。この経営改善計画書は実抜（ジッバツ）計画といい、「実行可能で抜本的な経営の改善を示せること」という要件があります。ですから、景気頼りで現状取引のままで夢のような売上げ・利益の増大を見込んだ計画とか、事業を毀損してしまうような設備の売却や人件費の削減計画では、やり直しになることもあります。そもそも、そんなできない計画を立てても意味がありません。リスケジュールを通すがために安易に作成しても、その後が困ってしまいます。ですから、ここは本当の意味での経営改善計画を考えていきます。

ちょっと逆説的にはなりますが、数値化することが一番ですが、数値化にこだわらなくてもよいのです。数値化して表にするのは、税理士や、私のようなコンサルタントに任せればよいでしょう。中小企業の経営者で、数値化が苦手でできない人も多いものです。

事業は生き物と同じで機械ではありません。そこで働く人の感情もある。だから、「事業継続を最優先に」「何をすればいいのか」を決めて、時間がかかっても決めた取り組みを進めていくことが本当の意味での経営改善になるのです。

経営改善計画を立てるときにもう一つ、どうしても必要なことがあります。それは、現時点の実態の把握です。私は、独自の簡易なデューデリジェンス（事業の価値・収益の精査）おこないます。緊急時には、預金通帳、現金の流れ、取引先との支払サイトの確認をするために資金繰り管理表を見直すことだけでもおこなって、なんとか実態を把握していきます。そして、従業員の役割と状況の確認をヒヤリングしていきます。

財務三表（貸借対照表：ＢＳ、損益計算書：ＰＬ、キャッシュフロー計算書：ＣＦ）をベースにした分析では十分ではありません。というより、中小企業では、財務三表のデータを基に分析をし、アメリカ流のコンサルタント手法で数値化、グラフ化、図式化して、現場に落とし込んで何かをしようとしても、上手くいかないことがわかっています。それに、そこに膨大な時間とコストをかけるほどの余裕があるところも中小企業には少ない。すぐに効果を出すために行動し走りださなければならないのです。だから、形より実践、実行を優先していく必要があるのです。

では、銀行へのリスケをすませて、なんとか出費を止められた、期間は一年間となるとどうするか。返済を止めた分、資金繰りには余裕ができています。この間に、経営者は数値にとらわれず会社の内外に対して行動し、私は財務三表を数値化して、社内外に示す資料を作成します。経営者の行動まですべてを私が受け持つことはしません。というか、すべきではないと思うのです。経営者がすべき行動まで代わってやってしまったら、会社が、その経営者のものではなくなってしまうからです。行動主体はあくまで社長、そのサポート役が私なのです。この両者の体制が、社内外に社長の求心力を集めることになります。

支払いの順番は「人・モノ・金」

デューデリジェンスをして事業の状態、位置を確認しました。社長主体で行動し、それを数値化する再生への体制ができました。そこから、来月、再来月の資金ショートをどうしようか、ということになります。考えなくてはならないのは支払いの順番です。

大前提は、〝事業を継続していく〟ということです。お金が足りないので、どこかに頭を下げて支払いを猶予してもらわないといけないとなると、多くの会社では、やりやすいところから支払いを止めていきます。まず社長が報酬をもらわない。次には、従業員に給料を待ってもらう。その次に、取引先に「悪いけど、今月払えない」と言う。税金は督促がないから黙って止める。でもなぜか、銀行の支払いは最優先で実行しなければいけないとみんな思いこんでいます。

ところが、これは間違いで、まるっきり逆です。

事業継続にとっては「人・もの・金」の順に重要なのです。社長が我慢するのは仕方ないにしても、従業員への支払いを優先順位の一番に考えます。その次に「もの」で、材料などの仕

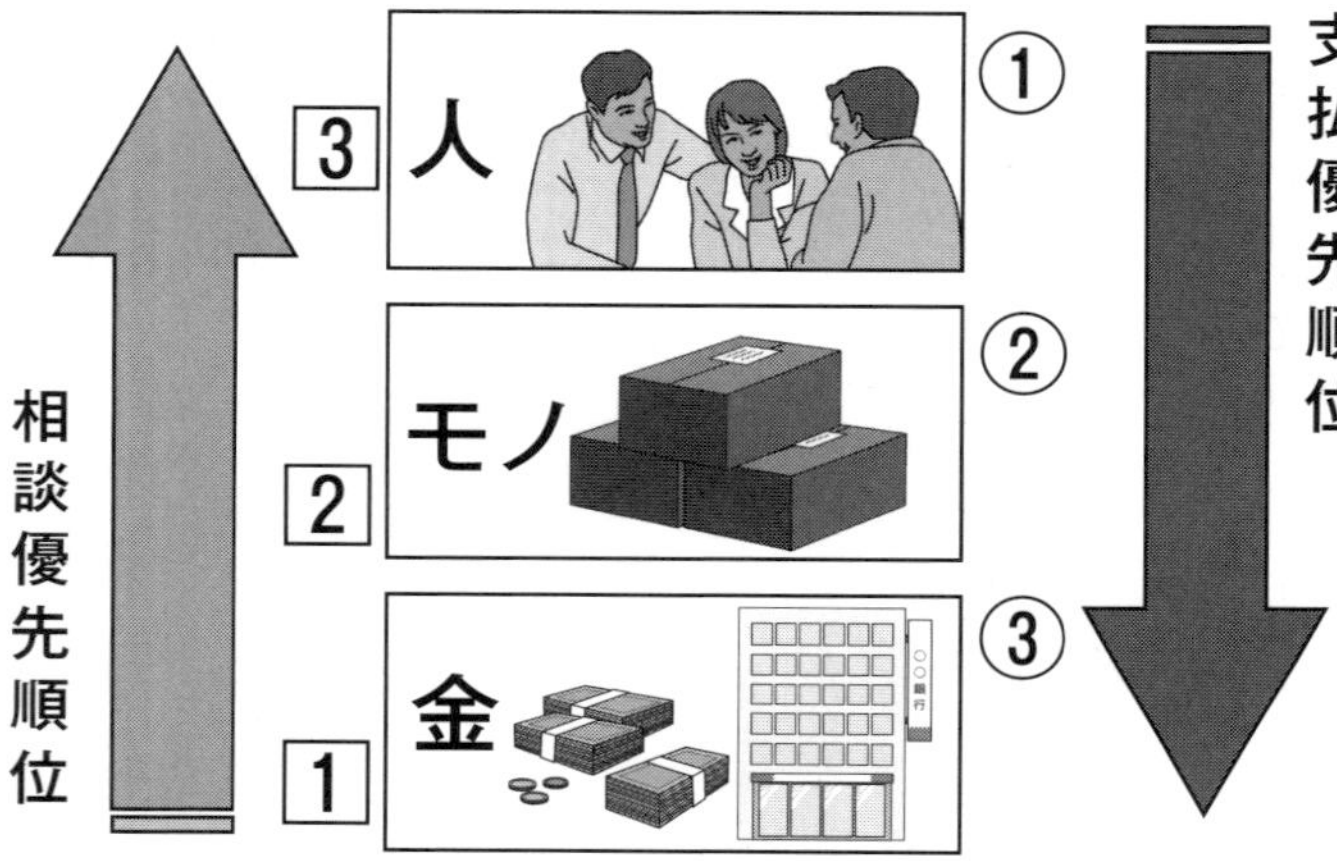

入先、外注の取引先にたいして、全額は無理でも、いくらまでなら支払えるかを考えます。

最後が「金」で、税務署と銀行です。「人」と「もの」への支払いがすんだ残りが納税、返済の原資となる。そのなかでは税金が優先です。そして最後に銀行への返済ということになります。支払う優先順位はこの順番です。

だから、支払いを先延ばしにする相談は、言いずらい先から「金・もの・人」の順番になります。つまり、最初に銀行への返済を止める。銀行は、返済方法の相談は常に受け付けてくれると思ってよいのです。時限立法であった「金融円滑化法」（リスケジュールを積極的に受ける法律）がなくても、銀行の担当者は、「返済できないので、法的手続きを取ります。この先一銭も返せません」と弁護士からの通知を受け取るより、支払いありきの相談の方がよほどよいのです。ところが現実は逆で、銀行への返済が遅れたら会社が潰れるとの思い込みが、誤った対応を生んでいます

次に仕入先や外注先に「今月苦しいから、一部だけ払って残りは来月にしてほしい」と社長が頭を下げて言わなければなりません。ここのハードルが一番高いと思います。仕入先や外注先が取引を止めてしまったら事業継続は難しくなるのですから不安になります。

しかし、ここで安易に高利な借入れや、身内に借りる選択をして、その場をしのいでも、その先に負担を持ち越すだけで再生のスピードが遅くなります。

取引先は、主に同じ中小企業同士なので理解してくれることが多いものです。社長が言いにくいときは、私も一緒に行って説明しますが、「水臭いじゃない、もっと早く言ってよ」なんて言われて、応援してくれることもあります。

銀行に返済を待ってもらうことで、取引先を含めてみんなへの支払いができるようになったら、それに越したことはありません。この試練を乗り越えると展望が開けてきます。

外部の税理士や公認会計士、監査法人、私たちのようなコンサルタントが事業を精査すると、社長自身がいまの事業がどういう状況にあるかを理解します。そして、当面の資金ショートに対しては、金融機関への返済を止め、取引先に話をして乗り切る。あとは、こうやったら今後やっていけるという経営改善計画を社長と擦り合わせます。

ここまでくると、社長の顔つきがガラっと変わります。はじめは苦しくてお先真っ暗だったけれど、社長が自ら行動していくことで、社長自身の表情も変わる。そうすると従業員にも安心感が芽生えます。だから事業も好転するというよい流れになります。

経営者が切羽詰まって相談に来たときは、どうしてよいかわからずみんな鬱状態です。社長がこうだと、当然、従業員も不安になります。それを変えるのが、ここまで繰り返し言ってきた、社長の心がまえ、考え方の転換です。そして、社長が行動を起こすと自分自身がまず変わり、気持ちが前に向き始める。すると、従業員たちも「なんとか回復できるんだ、うちの会社」と思う。会社全体に「一緒に頑張ろう。ここを乗り越えよう」という一体感が生まれます。「ピンチはチャンス」と言うでしょう。会社が窮地になって、はじめて自分の足元を見つめなおし、本来のあるべき経営の原則に立ち戻る。そして会社の雰囲気も明るくなる。手前味噌ですが、再生コンサルタントが入ると、会社はシンプルによくなります。

本当に怖いのは銀行より国

勘違いと間違いが多いところなので、改めて言っておきたいことがあります。先ほどの「人・もの・金」の最後の「金」に関わることです。優先順位を勘違いしているケースが非常に多いのが、銀行と税務署や年金事務所（日本年金機構が運営する機関で健康保険・厚生年金保険の徴収などの業務をおこなう）など国の機関のどちらを優先するかという点です。これを間違えると再生に向けての手が打てなくなることもあるのでとても重要です。

多くの経営者は、銀行は怖い、だから優先的に返さなくてはいけないと思う。一方、税務署や年金事務所は国だからなんとか助けてくれるだろう、ひどいことはしないだろうという甘えがありますが、実は逆なのです。

銀行はちょくちょく催促に来て、返せなかったら嫌みを言われたり、脅されたりするから怖い。税金を滞納しても、税務署は会社まで来ないから怖くないと思うことが間違いなのです。国は、裁判所の令状がなくても家宅捜索や差押えができますが、銀行は、手続きを踏まないと差押えなどができません。本当に怖いのは国のほうなのです。

差押えの目的は、資産を換金して滞納分に充てることですから、一番やりやすいのは預金口座です。口座を押さえれば現金が回収できる。その次には、単価が高いから不動産が回収しやすい。その次は、もうこの会社を潰してもかまわないと思えば、売掛金を狙います。

しかし、税務署だって、経営状況が悪くなって税金が払えないときは、払えない理由をきちんと話せば交渉できます。この世の中、いきなり全部取られるというようなひどい話はありません。でも、滞納しそうなときは、早めに言いましょう。人件費や仕入先・外注先への支払いよりは後回しにする銀行への返済と税務署への納税ですが、そのうちでも納税が優先です。滞納しそうなら、銀行より優先して、税務署に分納の相談に行きましょう。

大切な家族への対応──自宅は取られない

ところで、思いをめぐらせなければならないことがもう一つあります。それは家族です。窮地に陥った社長はもちろん苦しいでしょうが、家族も不安でたまらないのです。奥さんも子どもも、「家を取られる」と思って不安になります。同居しているおじいちゃん、おばあちゃんは、家を出ていかなければいけないと思って、段ボールに荷物を詰めていつでも引っ越せる状態にしてあったりします。

そういうとき、私は、社長の家族に対して「会社は復活できそうだし、自宅は取られませんよ。大丈夫ですよ」と言って安心してもらいます。

自分で不動産をもっている社長だと、借金の個人連帯保証があるから、場合によってはどうしても自宅を売らなければいけないという状況におかれます。ただし、先ほどの「リスケ」をやったくらいでは、銀行は強硬的な回収のアクションは何も起こしません。なぜなら、返さないと言っているのではなくて、利息はちゃんと払うし、銀行へ返済しようという意思はあるわけで、ただ返済の計画、条件を変更しただけだからです。銀行も合意のうえでの取り決めですから、その場面で自宅を売ることを考える必要はありません。

自宅を守るテクニックはいろいろありますが、後で説明します。とにかく引越す事態にならないようにすることはできます。銀行へ返済を待ってもらうからといって社長が自宅を即売る必要などないのです。家族がいるならなおさら、生活を守り抜くための方法を考えましょう。

家というのは人間の安心感を根っこで支えるようなところがありますから、家を守ることは精神的にも重要です。私が、自宅は大丈夫ですと請合うと、おじいちゃん、おばあちゃんたちは実に嬉しそうな安心した表情を浮かべます。「じゃあ、引っ越さなくていいんだ」、「頑張れば、ここにずっといられるんだね」と笑顔になります。

子どもにとっても地域は重要です。義務教育の子どもにとっては、住所が変われば転校になる。子どももそれは嫌です。障害をもっていて特別な学校に通っている場合もあるでしょう。私は、家族がその地域に住み続けることを全力で支援します。

人の暮らしを守る

事業が危機に陥ると、経営者の多くの家庭で、雰囲気が悪くなります。お父さんはいつも暗い顔しているし、家が取られるかも知れないと家族みんなが不安です。家だけじゃなく、愛車も取られるのかな、とか心配が広がる。子どもも落ち着きをなくして、勉強やクラブ活動にも打ち込めなくなります。家族のいさかいも増え、崩壊寸前までいくこともあります。離婚したという話もよく聞きます。

本当に夫婦の仲が破綻して離婚することもあるでしょうが、便宜的に離婚する人もいます。たとえば、財産を奥さん名義にして離婚すれば追及されないんじゃないかと思っている人が多いのですが、これは誤解ですからやめてください。

後で詳しく説明しますが、困ったことに、この手のいいかげんな話が広まっています。正しい情報が知られていないのですね。

再生コンサルタントとしての私の持ち味は、当事者の立場で再生をしていけるということだと思っています。単なる法律論や手続き論ではなく、ビジネスの本質を把握して、一緒に悩んで解決方法を探していきます。

また、私は貸金業に籍を置いたことがあるので、借り手側がどう言えば貸し手側が納得するのかがわかる。金融機関との交渉では相手の呼吸に合わせた交渉ができます。

私の仕事の目標は、一言で言うと、「事業」を再生するということです。「会社」の再生ではありません。会社という「箱」を守るのではなく、そこに働く社長をはじめ会社のスタッフが関わる「事業」を守る。さらには、彼らと家族の暮しを守る。

結局は、人を助けること、人の暮しを守ることだと思っています。

第２章

破産を考える前に尽くすべき手だて

本章のキーワード

・破産するにもおカネがいる
・相談相手は弁護士ではなく仲間
・サービサーの仕組み
・保証協会による代位弁済

破産するにもお金がかかる

売上げが落ち込み、支払いが厳しくなり、銀行ももう貸してくれないとなると、経営者でなくても、一般的な感覚として〝破産〟という方法しかないと思う人が多いのではないでしょうか。「お金がないなら破産するしかない」と考えてしまっているわけですが、破産の法的措置を使おうとすれば、そのためにもお金が必要になるということを知っておかなければなりません。無料で相談に乗ってくれる日本司法支援センター「法テラス」という国によって設立された機関がありますが、法的に破産を申し立てることになれば、予納金といって裁判所に納めるお金や関わる弁護士さんへの報酬が分割の後払いで必要になります。つまり、相談は無料であっても破産手続きにかかる費用まで無料になるわけではないのです。「お金がないと破産もできない」ということです。それならば、破産費用に充てられるお金を自主的に再生、再建する軍資金に充てたほうがよいのではないでしょうか。

「今の状況から復活すべき方法を一緒に見つけませんか」というのが、私の初めのアプローチです。

もう少し破産について話しておきましょう。破産を申し立てるには弁護士にお願いすることになります。弁護士には、はじめに着手金が必要で、手続きが終了したらそれとは別に報酬を

破産予納金一覧（東京地方裁判所の場合）

債務総額：円	予納金		
	破産管財人選任事件		
	法人	自然人	法人／自然人
	通　常		少額管財手続き 東京地方裁判所のみ
5000万未満	70万円	50万円	標準額は 20 万円
5000万—1億	100万円	80万円	
1億—5億	200万円	150万円	
5億—10億	300万円	250万円	
10億—50億	400万円		
50億—100億	500万円		
100億—250億	700万—		
250億—500億	800万円		
500億—1000億	1000万円		
1000億以上	1000万円以上		

支払うことになります。東京弁護士会の規定では、着手金は、債務の額にもよりますが「事業者の自己破産事件　五十万円以上、非事業者の自己破産事件　二十万円以上」とあります。報酬はこれとほぼ同額を支払いますから、事業者の自己破産では、着手金と報酬を合わせて、最低でも一〇〇万円は用意しなければなりません。つまり、破産するには、裁判所に予納するお金と弁護士に間に立ってもらうお金が必要だというわけです。

弁護士はすぐに破産をすすめる

本当に破産しか方法がないのか？　経営者は内心、「破産以外に生き残る方法があるなら知りたい」と思って弁護士に相談に行かれるのだと思います。私は、破産を初めから望んでいるなら別ですが、「今後の生き残り方」を相談に行く相手として弁護士は適切とは思いません。売上げ・利益、資産、負債・借金を精算したらマイナスになってしまうとなると、破産をすすめるのは一見当然に思いますし、弁護士の仕事としても大義名分が立ちます。しかし、本心では事業を継続したいと思っている多くの経営者はそこで思うのです。「そんなことはわかっているけど、本当に破産しか方法がないのか？　何か違う気がする」と。それは当然なのです。負債や借金があっても、日常的には売上げがあり、資産があるわけですから、破産しかないと言われても、「ああ、そうですね」とはならないものです。

では、なぜ、弁護士は破産をすすめるのでしょう。一言で言えば、〝楽だから〟です。何が楽かといえば、たとえ資産の調査を必要とする管財人が付いて調査するとしても、破産で終わらせるのは楽なのです。何と比較して楽なのかといえば、「生き残る方法を考えること」と比較して、ということです。会社が社会的に知名度もあり売上げの規模も債務の規模も大きく、雇用者も多く、利害関係者（ステークホルダー）が多いとなると、そう簡単に精算して終わりというわけにはいかないので民事再生や会社更生といった法律を使って会社を継続する計画を立てていかなければなりません。その計画立案から計画認可まで多くの時間と多額の費用がかかることは、あなたも想像ができるでしょう。しかし、中小企業で同じように法律を介在させて生き残りを図ろうとすれば、かけられる時間と費用の面から、それはほぼ不可能といってもよいでしょう。さらに言えば、その方法をとれるだけの時間と費用が確保できるなら破産する必要はないのです。

あなたに「生き残るためなら困難は厭わない」という情熱があるのなら、弁護士に相談してもあなたの望む答えが返ってくるとは思えません。視点を負債や借金から事業継続に移してみれば、進むべき道もおのずと自分で納得できる道として見えてくるはずです。

借金を払わないとどうなるか

ある会社が借金を返済できない事態になるとどうなるか、きちんと説明しましょう。

金融機関からの融資の返済ができなくなると「期限の利益の喪失」という状態になって、一括返済を求められます。融資やローンの契約書には、一ヵ月でも返済が遅れれば「期限の利益」が喪失するとあります。どういう意味かというと、銀行からの融資や住宅ローンなどを二〇年で返済するという場合、この二〇年という期限は債務者（返す人）にとっての利益です。二〇年は返済を待ってもらえるわけです。その条件として月々いくらかずつ分割で払っていきますと約束します。でも、その約束を債務者（返す人）が破ると、二〇年待つという「期限の利益」はなくなって、貸し手はすぐに残りの貸金を返せと言ってくるというわけです。もともと「期限の利益」のない場合、たとえば友人同士の返済期日の約束のないお金の貸し借りは、返せと言われたら、すぐに返す必要があります。この方が厳しい条件かもしれませんね。つまり、借りるときの貸し手との約束や条件がものすごく大事なのです。

金融機関の融資には、担保として不動産や有価証券を差し入れているもの、連帯保証人として代表者のみならず家族や第三者の保証人を付けているもの、保証協会つきのものと保証協会がつかず銀行単独の判断で貸したものがあります。返済が滞って払えそうにないとき、債権者はどうするでしょう。

担保に入れているものは換金して返済が求められ、連帯保証人が付いているものは連帯保証人に返済が求められます。しかし、担保に差し入れた不動産や証券は必ず直ぐに売られて換金されてしまうのかというと、そんなことはありません。また、すぐに連帯保証人にも取り立てが行くのかというと、そんなこともありません。あなたが、今後どうやって生きていくかという視点からものを考え、再起に情熱をもっているなら、現実として対処できることをお話ししましょう。

気休めに「大丈夫です」と言っても意味をもたないでしょうから。担保物をどう守るのか、連帯保証人にはどう対処するべきかは、この本の中で繰り返し例を挙げて話していきます。

真の取立人は誰になるのか

まず最初に、「真の取立人は誰になるのか」を確認しながらお話しします。

保証協会で保証されている債権（貸付金）は返さないと「代位弁済」されます。保証協会が、あなたの会社の代わりに銀行に残金を返済してくれるわけです。すると、銀行は回収から手を引き、保証協会が債権者になります。立替え払いをした保証協会が、銀行に代わってあなたに返済して下さいといってきます。借金が消えるわけではありません。貸し手が変わっただけです。

銀行は、保証協会から建て替えて返済してもらうので、リスクがないのと同じです。そう考えると、返済が困難になりそうなときに、保証協会付で借り入れている銀行の担当者に対して、迷惑をかけてしまうという罪悪感をあまりもたずに対処できるのではないでしょうか。しかも、代位弁済するための銀行の負担金である保証料は、借入する際や契約を切り替える際にあなたが支払っていることを思い出してください。あなたがどうしたいかを気後れせずに提案していいのです。現状を説明しながら、いくらの返済なら可能なのか、返済できないとしていつまで待ってもらうのかを提案します。たとえそれが少額であっても、たとえその期間が見えなくても、気後れせずに誠意をもって話しましょう。銀行へ支払えなければ、保証協会に支払うことになるだけなのです。とはいえ、金融の事故として信用情報は毀損してしまいますから、事業において許認可等が問題になる会社は、より慎重に再生スキームを検討したうえで対処する必要がありますので注意が必要です。

一方、保証協会が付いていない融資もあります。プロパー融資と呼ぶこともあります。保証協会なしで、自分たちの銀行の判断で貸したものについては、しばらく銀行が回収しようと努力しますが、ある時点で、その債権をサービサー（債権回収会社）に売却するということになります。銀行が自分で回収するのはすごく手間なので、債権を売るというかたちでサービサーに投げるわけです。返済が延滞した時点でサービサーに返済交渉を委託してしまうところもありますが、委託の段階では債権者の代行にすぎないので、譲受した債権のあるサービサーとは対応が違ってきます。同じサービサーでも立場によって対応が変わるというのは一般にはわかりにくいところですね。サービサーについては、次でもう少し詳しく話しましょう。

サービサーの仕組みと役割―借金が一〇分の一になることも

一九九八年にサービサー法（債権管理回収業に関する特別措置法）という法律ができて、非常に円滑に不良債権処理がおこなわれるようになりました。

当時、金融機関は、不動産取引の規制を受けて不動産価値の見直しをおこない、バブルといわれる価値を実態価値に合わせていくなかで不良債権を大量に抱えました。この不良債権処理のなかでできた法律がサービサー法であり、債権回収会社がサービサーです。ちなみに管轄は法務省で、金融庁管轄の銀行とはルールが少し違います。

あなたの借金の債権がサービサーに譲渡されるということは、銀行が債権回収会社に債権を売却したということを意味します。これは、銀行にとってとてもメリットがある話なのです。通常、貸付けた債権が回収できないと貸倒れになりますが、それでは税金がかかってしまいます（有税償却といいます）。しかし、サービサーに売却してしまえば、譲渡損となり、無税で償却できることになります。これなら、銀行がこの方法を選択したいと思うのも納得できるでしょう。あなたにとっては、このメリットが、サービサーが求める回収額として実質的には軽減されてめぐってきます。

サービサーも債務者であるあなたにたいしては額面の満額を請求できる権利がありますが、譲り受けるときに額面満額で買っているわけではありません。回収できそうもない債権ですから、割安で買わなければサービサーには利益がありませんからね。いったいいくらで買っているのか？　不動産がある担保債権であれば時価回収価値を見込みますが、担保がない貸金については、値段はあってないようなものです。また、サービサーはあなたの債権を個別に買っているわけではなく、ある銀行の不良債権をある時期にまとめて買って、その内訳の合計を回収額（売り上げ見込み）としているのです。だから、あなたの借金に担保が付いているかいないかでサービサーに返済する額は変わりますが、間違いなく額面は下がるよいってよいでしょう。とくに担保も付いていない借金なら一〇分の一くらいになることも珍しくはありません。

保証協会による代位弁済の仕組み

保証協会に代位弁済された債権はどうなるのでしょうか。あなたは、借入するときに保証協会に銀行の代わりに保証料を支払い、銀行への返済ができなくなって保証協会に代わりに銀行へ返済してもらったわけです。そのための保証料を支払ったのだから肩代わりして返済してもらって終わりでもいいんじゃないかと思うところですが、残念ながらそうはいきません。肩代わりして返済したのだから、こちらに支払ってくれということになります。

保証協会は経済産業省の管轄ですから銀行の取引のときとはルールが違います。どう違うかというと、銀行取引やローンの支払いでは、あなたが支払ったお金は、まず利息に充てられて、それから元金の返済に充当されます。元金が減りにくく支払いがいつまでたっても終わる気がしないのはそのためですね。保証協会への支払いは、まず元金に充てられます。したがって元金はどんどん返済されていきます。ただし、逆に延滞利息が高い金利で増えていきます。これは何を意味するのでしょうか。保証協会に代位弁済されるタイミングで借り手に返済能力があるとは保証協会だって思っていません。つまり、あくまで元金重視ということなのです。元金がある程度返済できる見込みが立てば、利息や延滞利息は合意のうえで免除できる可能性が大きいのです。法的な手続きを費用をかけておこなわなくても再生できる道がある、ということですね。

たとえば代位弁済された借金が一〇〇〇万円、つまり保証協会に元金一〇〇〇万円と遅延損害金が年利約一五％の利率で経過日数分だとします。大部分の場合六ヵ月以上の延滞になっている場合が多いですから一〇〇万円近い遅延利息がすでに付いていることになりますね。通常の銀行取引で利息も支払えなかった状態だからこそ代位弁済されているのに完済しようとしたら、銀行取引時以上の金額での返済計画が必要になることになります。現実的ではないですね。

では、どう対応すればよいのでしょうか。

現実的で誠実な対応としては、今の状況、つまり不動産の資産、他の借金の総額とその返済状況、事業を継続しているなら事業の収支、事業者でなくなっているのなら収入と支出の生活状況を紙ベースで提出しながら口頭でも説明し、今返済できる金額をこちらから伝えるのです。不動産等の換金できる資産がとくになければ、事業・個人を問わず収支から返済に回せる金額を提示して返済意思を示すことが重要です。かりに収支が基本マイナスであっても、三〇〇〇円は支払いますと提示して説明し、返済意思を示すことで道が開けることがあります。その金額では一生かかっても完済などできないことなど保証協会も承知しています。しかし、一方では、再生して返済額を増やして完済してほしいとも思っているのです。事業を継続するのであれば、三〇〇〇円というわけにはいかないかもしれませんが、収支から返済可能な額を明示して、事業を継続するなかでお互いのために時間を共有していきたいという意思を示しましょう。債権者にとっても事業を潰すことが目的ではないはずです。

ここまでの話をまとめると、破産など法的な解決法ではない道を選ぶと、当然、債務はなくなりませんから返済しなくてはならない、しかし、ないものは支払えない、だから、誠実に今の状況を説明しながら、返済できる範囲で返済していく、ということになります。

病気の症状がよくなったときの表現として「寛解」という言葉がありますね。たとえば、がんが完全にはなくなっていないが、十分に抑え込んでいて日常生活が不自由なくおくれる状態などを示す表現です。それと似ていて、巨額の債務は残っていますが、事業は続けられ、収入を得ることもでき、従業員もクビにせずに仕事をやって暮らしが成り立っている、といった状態です。こう見ると、これは、全体としてハッピーな解決といっていいでしょう。

自己破産と廃業

事業として売上げが立たないから、サービサー対応や保証協会対応も必要ない、借金だけをなくしたいという場合、最後の手段としてあるのが〝自己破産〟です。

事業化できるものや不動産等の資産を引き継げる人に引き継いだり、ときには処分しながら再生資金を残した後に、借金しか残らず収入も資産もない状態にしてからなら破産もいいでしょう。また、資格や許認可を受けて事業をしている人で、破産することによって資格や収入に影響がでない人は、一度破産してから資格を生かして収入を得る方がよいかもしれません。つまり、次の収入、未来の収入に、破産という履歴がついても問題ない人にとっては、破産という選択肢も再出発するにはよい選択だということです。

破産は、借金をなくすだけではなく、資産もわずかなお金だけを残してほとんどを失います。このこと以上に知られていないのが、取引先に対する優先的な支払いもできないことです。破産はするけどあの人には少しでも払っておきたいという希望は通りません。ですから、事業をやり直したくても、かつての仲間の信用を回復するのは困難ですし、場合によってはその土地に住み続けることも気に病む人がいます。弁護士の先生は、破産という法的な根拠があるから胸を張っていいんです、というかもしれませんが、実際は、その地域、業界で生きていこうとすれば、そういうわけにはいかないのが実情です。また、信用情報にその履歴がついてしまい、七年程度は金融機関から借入をするのが困難になったり、信販会社のカードを使えなくなったりします。見落としがちなのが住居の賃貸です。保証会社の審査を受ける賃貸物件を借りることすら難しくなります。デメリットも大きいのです。

破産をしないで廃業を考える人も少なくありません。破産をしないなら借金は残りますが、残った借金に無理なく付き合っていくことができれば、ソフトランディングとして廃業も可能なのです。廃業の仕方の実例を紹介しましょう。

青山さん（仮名）は、運送会社を経営していました。運送業は、コストとして燃料費と車の維持にとてもお金がかかります。ガソリン価格など外的要因に非常に左右されます。青山さんは、建設用の砂利の運搬などをやっていたのですが、元請けから受注する売上単価はずっと変わりませんでした。もともと厳しかったのですが、ガソリンの高騰でどうしようもない状況になってしまった。やればやるほど赤字です。一時は五台トラックを持ち、駐車場を借りて、ぐるぐる回していましたが、徐々に整理を重ねてトラックを一台だけにし、人員は自分ともう一人だけというところまで縮小しました。それでも、やり切れない状況になってしまい、もう一人も辞めさせて自分一人でやることにしましたが、赤字を免れない。整理段階でリース債務はなくなっていましたが、運転資金はもう借りることができない状況だった。

どうしたものかと悩んでいたところに、娘さんの大学受験が重なってしまった。娘さんはがんばって、大学に受かったのです。七〇万円ぐらいを入学金として納めなければならないが、それが払えない。親の事情で娘に大学をあきらめろと言うのか、という話です。税金等の滞納が一部あって、公的なところでの資金相談も受け付けてもらえなかった。経営者の悩みは、事業のことだけではなくて、必ず家族や周りのことにもおよぶものなのです。

世の中には、金銭的な理由で進学できない人もたくさんいるので、それはそれで娘さんも理解するでしょうが、青山さんは当然、なんとか行かせてやりたいと思う。そこで私のところに相談に来たわけです。

調べてみると、手はあると思いました。たしかに赤字だけれど、仕事をしているからお金は一回は手元に入ってきます。それを支払ったら赤字なのですが、入ってくるお金は二ヵ月先までは見えていた。ただ、車を走らせると資金アウトしてしまう。

元請けとは仲がよく、青山さんはユンボを操作する資格もあるから、トラックをなくしても、元請けの会社で仕事をさせてもらえる。そうすると、将来の収入は見込めるわけです。トラックはリース債務の支払いは終わっていて、売ればお金になる。また、運がいいことに、トラックが高値で売れる話がありました。そこで選んだのが廃業です。

相談に来たとき、青山さんは、頭がパニックになっている状況で、冷静に判断ができない。なによりも、判断するために必要な計算ができていませんでした。

トラックを売ったらいくら入って、仕事をしていくら収入があって、今月支払わなくてはならないのがいくらで、住宅ローンがいくらあって、というのをその場で三時間くらいかけて一緒に書き出していきました。どうしても用意したい大学の入学金の七〇万円が捻出できるか。書き出していくと、トラックを売れば七〇万円の入学金を出しても二〇〇万円ぐらいのお金が残る計算になりました。

どうしようかずっと悩んでいた青山さんは、この計算で将来の展望が見えたことから、廃業という選択に踏み切れました。不思議なもので、廃業して、娘も大学にやれることがわかると、人はちゃんと次のことを考えるのです。

「私は運転手の仕事をしながら、実は、ラーメン屋をやりたいと思っていたんです。ずっと昔からの夢です」と。「ドライバーが集まるような場所に親戚が土地を持っていて、自分の資金は二〇〇万円しかないけれど、他の人にも協力してもらって、なんとかそこにラーメン屋を出したい。ドライバー相手のラーメン屋だったら、自分もいろいろなところで食べてきたから、好みの味もわかる」と、これからの夢を滔々と語りだしたんです。

暗い顔で、もう家も何もかも失って、破産かという状態だったのが、展望が見えてくるだけで、顔がぱあっと明るくなって、自分の夢をかなえる話をしだすんです。もちろん滞納している税金の分納の相談や、住宅ローンの返済条件の変更も申し入れる必要はありました。この人にだけはなんとしても払っておきたいと思っていた人にも支払う相談ができました。今後、要件が合えば、個人版の民事再生も可能性が出てきます。破産で大きなデメリットを受けなくても済む方法はある、本当にだめになったときでも、終わり方がまた大事だということですね。

では、次の章では、具体的な事例を取り上げて、再生の実際を見ていきましょう。

第３章

事業に合った再生術がある

本章のキーワード

・新会社をつくって事業と人を救う
・事業を売って旧会社を「眠らせる」
・破産しない会社のたたみ方
・サービサーへの誠実な対応で再生へ

事業売上げがあるなら再生できる可能性はある

売上げがあるということは、社会のなかであなたの提供するモノやサービスにたいする需要があるということです。需要があるものを、資金繰り難で提供できなくなってしまうのは、供給する事業者だけでなく、提供を受けていた者にも残念なことです。売上げの規模は関係ありません。提供できるモノやサービスがあるなら、あなたが再生する道は必ずあると言えます。

では、具体例でお話ししていきましょう。

製造加工業という業種での事例です。製造加工業の下請け会社、A社としましょう。そこは、海外に輸出する金属部品を作っています。旋盤と研磨の機械があって職人がいますが、一〇人規模の典型的な町工場です。下請けですが、元請けがけっこう面倒見のよいところでした。それなりに大きな場所で工場を運営していましたが、二代目の社長に代わってしばらくして、資金繰りが苦しくなり、銀行に追加融資を申し込んだけれども融資が出ないという状況に追い込まれていました。返済の支払いが困窮するわけですが、ここが生き延びられている要因としては、元請けから設計内容と原材料が持ち込まれ、原材料費がかからないことがあげられます。

よく町工場が追い詰められるのは、材料や部品は自分で仕入れなければならないので、資金繰りがひっ迫してくると材料仕入の支払いができず仕入を止められるリスクがあるからです。A

社の場合はそれがないという点が有利でした。加工賃で高い粗利益を上げるビジネスモデルです。

しかし、バブル期から設備投資などで借り入れをしてきた借金がたまって膨大になっていました。その支払いができないといって、相談に駆け込んできたのです。

駆け込んできたときは、やはり「もう破産しかない」という悲壮な感じでした。どうしたらよいかわからない。でも、この会社は、先ほどもいったように親会社がすごく面倒見がよい会社だったという点がポイントで、原材料の手当ては考えなくてよかったので、借金さえなければ利益が出る体質だったのです。

そこで、今の会社のままではやっていけないけれども、事業と職人を別の会社で引き受けてもらえばよいと考えました。しかし、近隣の同業者で事業と職人を受け入れてくれるところはなかなか見つかりません。先代のときからの熟練した職人さんたちは、先代や現社長の人柄を慕っている人も多く、他の会社でやってくれと言われて「はい、そうですか」という感じではありません。先代も現社長も、「引き取ってもらえれば、それに越したことはない」と口では言うものの、長いあいだ苦労を共にしてきた事業と職人を、そう簡単に他人に譲ることはつらいと思っているようでした。

新会社設立で事業を救う

M&A（企業の合併や買収のこと）の売り手案件として買手を探すのに、コストも時間もかけられません。しかし、やはり道は見つかるものです。従業員の一人に、責任感が強く、現場をまとめ上げている専務がいました。その専務が独立して新会社B社を設立し、自己資金でなんとか設備を買い取り、場所も新たに借りて、事業を引き継ぐことを決意してくれたのです。元請けさえ承知してくれれば、仕事は新会社のほうに全部回してもらうことが可能なのです。

MBO（マネジメントバイアウト）といった、今の会社と同体となるような会社の譲渡ではなく、まったく新しい会社を作り、新しい事業をおこなうということです。形のうえでは、廃業によって、同じ業種のライバル会社が、その取引をもっていったという格好です。

それで、その専務が代表になって、新しくBという新会社を作りました。そして元請けに話に行きました。機械などは全部、元請けから新会社のB社で預からせてもらって、B社のほうで元のA社と同じ仕事をさせてくださいと。結果、機械も元請けから借りることができて、B社は今も仕事を続けています。

職人一〇人そっくり移したかったのですが、結果的には五人しか連れていけませんでした。でも、そのままA社で続けていたら、潰れて一〇人まるまるみんな失業してしまいます。一緒に連れていけなかった五人ですが、うち三人は高齢でこれを機に仕事を辞めるという人、二人は二〇代前半の見習い工で、先代や現社長が次の職場を探してあげました。

タイミングもよかったのですが、職人を五人連れて新会社を起こしたB社のほうは借金がないかたちで出発できます。許認可等の制約もなければ、資本要件もありません。新工場の敷金や電力の工事代等のイニシャルコストは、B社の社長が交渉して分割の支払いにしてもらえたのでほとんどかかりませんでした。B社長は恩義あるA社長がすべての責任を被って収入もなくなり一家離散みたいにさせるわけにはいかないと考えて、A社長も新会社で相談役として、日払いではあるけれども、働いてもらうことにしました。

このケースでもすべてを守り切ったとは言えませんが、すべての人に再生の道をつけることはできたと思っています。それぞれの人の仲間を思いやる心と決断による再生です。では、元のA社が、その会社のままではやっていくことはできなかったのでしょうか。それは無理でした。元の会社で返済できるような金額の借金ではなかったのです。年商が一億二〇〇〇万円から六〇〇〇万円まで下がっていて、一方、借入金は一億円を超えていました。粗利が高い事業とはいっても人件費は削減するにも限度がありますし、職人さんは誰でもなれるものではないから替えがききません。工場は水道光熱費も月一五万円くらいかかる。営業利益はトントンで、税金はなんとか分割で支払うことはできても、金融機関への元金返済原資はとても出てきませんでした。

もちろん、A社もはじめは金融機関への返済条件の変更（リスケジュール。「リスケ」とも言う）をして、再生、経営改善計画を作成しました。無理がある計画にならざるえませんが、とにかく、時間をかせぎながらなんとかやっていこうと、元金の返済は猶予してもらって利息だけの支払いにしました。けれども、受注先を増やすことも、既存の受注を増やすことも下請の努力によってできることは限られています。削減するコストも事業継続を毀損する限界まで削減済みでした。いよいよ利息も払えない状態になって行き詰まった。そこで新しく会社を興す方法を提案し、全員で生き残りをかけて進めることになったのです。

「リスケ」しても、やっていけないほど厳しい状況とは、ここから先は、従業員の給料が遅配や、払えなくなるような状態です。会社は人で成り立ちますから、人が報酬を取れない、個人の生活が成り立たないような職場は辞めざるえません。人がいなくなれば、A社長一人では納品できません。つまり倒産状態となります。

受注も縮小するなかで、A社のままでは、とてもやっていけません。だから、どこかで会社をたたむ場面を考えなければいけなかったのです。しかし、ただ会社をたたむだけなら、社長も従業員も失業して収入がなくなります。それで新しい会社に移って助かる方法を決断したのです。

元請けから見ると、A社は、設計内容と原材料を出せば仕事をやってくれる大事な下請け会社でした。だからトラブルがないのであればB社を応援してくれるという態勢があったのです。

「破産」ではない会社のたたみ方

結局、A社はどうなったか。「破産」しかないと思いますか。

まず、破産のための予納金がありませんから破産もできません。A社はなくなってはいないのです。A社の工場はもうないし事業はおこなっていません。ですが、破産も精算も資金不足でできない。倒産状態のまま「眠っている」という表現になるでしょうね。

破産ではないので、借金はチャラになっていません。A社長はいまも大きな借金を背負っています。どういうことかといえば、A社は、会社としては事業をしていないのですが、A社の社長は連帯保証を負っているので返済の義務があるわけです。一方、銀行の債権は保証協会とサービサーに移管してしまっています。そこで社長は、保証協会とサービサーを相手に、払える金額だけ払っていくという対応をして誠実に払い続けています。

誤解してほしくないのですが、けっして踏み倒したわけではありません。合法的に、ちゃんと制度にもとづいて、債権者も納得づくでやっています。A社長は、B社のアドバイザーとして不定期不定額ですが日払いで収入を得たり、他の工場の手伝いなどをして稼ぎ、これ以上は返せないぎりぎりの額を説明して、毎月の返済額は少ないとはいえ、精一杯返しています。

Ａ社長の収入は、差押えの対象だとしても、常勤の給与所得者ではないですから差し押さえても意味がないのです。差押え給与として会社に裁判所から通知がきたとしても、日払いで支払った後の会社に通知がきた時点でのＡ社長に支払う報酬がありません。つまり、裁判所の指定先に支払う報酬がないのですから。意味がないということになります。個人の銀行口座は、差し押えられますが、まず残高は残っていません。

それに、月々の返済額は少ないのですが、誠実に対応していますから、すぐ差押えにはなりません。もしも、銀行が、こんなはした金の返済より、財産を差し押えてすっきりしたいと思ったとしてもそれはできません。現実に、少ないけれど毎月返済のお金が振り込まれて債権者である保証協会・サービサーが受け取っているので、返済は一部履行されているわけです。

もし返済が滞って、かつ連絡がとれなかったり、説明もなかったり、支払う意思がまったくないと銀行が判断した場合には、銀行の知りうる債務者の資産や収入は、差し押えて換金して回収することになるでしょう。

生活に必要なお金は差押えの対象外

ここで収入の差押えについて説明しておきましょう。収入を差し押えるといっても、「給与」

は命にかかわる生活の糧ですから、全額取られたりはしません。生活に必要な額は保証されます（ただ、必要な額を国が勝手に決めているのは納得できることではないのですが）。

給料の差押えは、銀行などが債権回収のために裁判所に申し立てる法的手続きの一つです。その人の給与の一部が差押えの対象となり、債務者の勤務先は、直接、銀行など債権者に支払うよう命令されます。

ただし、生活に必要な金額は差押え禁止で、取られるのは一部だけです。原則は、給料から税金や社会保険料を差し引いた残りの額が四四万円以下なら、四分の一が差し引かれ、これより多いと三三万円を超えた額が差し押えられます。

退職手当は、最大でも四分の一しか差し押えることはできません。役員報酬は全額が差押えの対象です。

A社について、ここまでを整理してみましょう。

A社長は、銀行の返済条件を変更（リスケ）して利息だけの支払いにしてもらった。ところがそれも払えず、会社はやっていけなくなった。そこで、社員Bが設立した新会社に、事業も従業員の一部も引き取ってもらい、自分もそこで収入を得ている。その収入から月々ちょっとずつ銀行に返済をしているということです。

再生手法としてのM&A

もし、あなたが、元の会社のメンバーが独立して作った会社が、同じ仕事をやって生き残るというのは違法なことだ、と感じるようでしたら、ここからの話をよく咀嚼して判断してください。ここは大切な点なので、もう一度お話しします。

同じ顔ぶれでやっているから、なにか内輪でいけないことをやっているかのように誤解する人がいるかもしれませんが、このケースで、A社と新会社B社を混同してはいけません。A社とB社はまったく別物で、いわば同業他社なのです。

同業のB社が、潰れそうなA社の取引先を奪っていったにすぎません。A社長を手伝わせているのは、B社長の温情です。もし、A社が、看板や代表者だけを変えてB社と名乗り、A社長もいて、同じ場所で、同じ顔ぶれで、同じ仕事をして、A社が返済しないでいたら、それはダメです。名前や代表者が登記上変わっても、変更履歴でわかります。同一の会社で、借金を返せないと言っても、それは当然ダメですよ。誠意なく踏み倒すことだけを考えるのは悪です。

私から逆に、こういう質問をしましょう。まったく別の同業他社にその事業を引き取ってもらうM&Aは違法ですか。株式を他社が買い取ったり、株式を分割したり、新会社を作って一部株式を交換して同一事業をそのままおこなったりしたら、資本の連続性があるのですから、債権者である銀行に承認を得る必要があるでしょう。これは、第二会社方式の推進として経済産業省に公に申請して、債権者や取引先など利害関係者に計画趣旨と計画に許可をもらいながら進める方法を使わなければできないことです。

しかし、中小零細企業がこの第二会社方式を運用するには、時間もお金もかかりますからできないという現実があります。実際に運用できる会社は、中堅以上の地域有力会社か、それより大きな規模の取引銀行も取引先も多数あり、取扱い金額も大きい必要があります。

しかし、潰れそうな会社があって、そのなかに利益が出る事業がある。一方に、会社を拡大するために、新しい事業、新しい取引先を求めている会社があるとすると、企業の売買（M＆A）は、双方にとってメリットがあるＷｉｎ－Ｗｉｎの選択となります。

A社のケースでも、B社ではなくて、隣の工場が同業種で、少し余力があるというので、取引先の一部を、事業譲渡で買い受ければ、対価の発生する事業譲渡という形のM＆Aの取引となります。株式に当たる資本は動かしません。あくまで事業の一部です。そうすれば、A社長は再生資金としていくらか手元に資金を残せたかもしれません。

A社長は、取引先に「従業員と一緒に事業も隣の工場へ引き取ってもらうから、今後はそちらの会社と取引をしてください」と言えますね。M＆Aで事業を引き継いでもらい、これまでの従業員が同じような仕事をやっていければ、それも立派な一つの再生です。

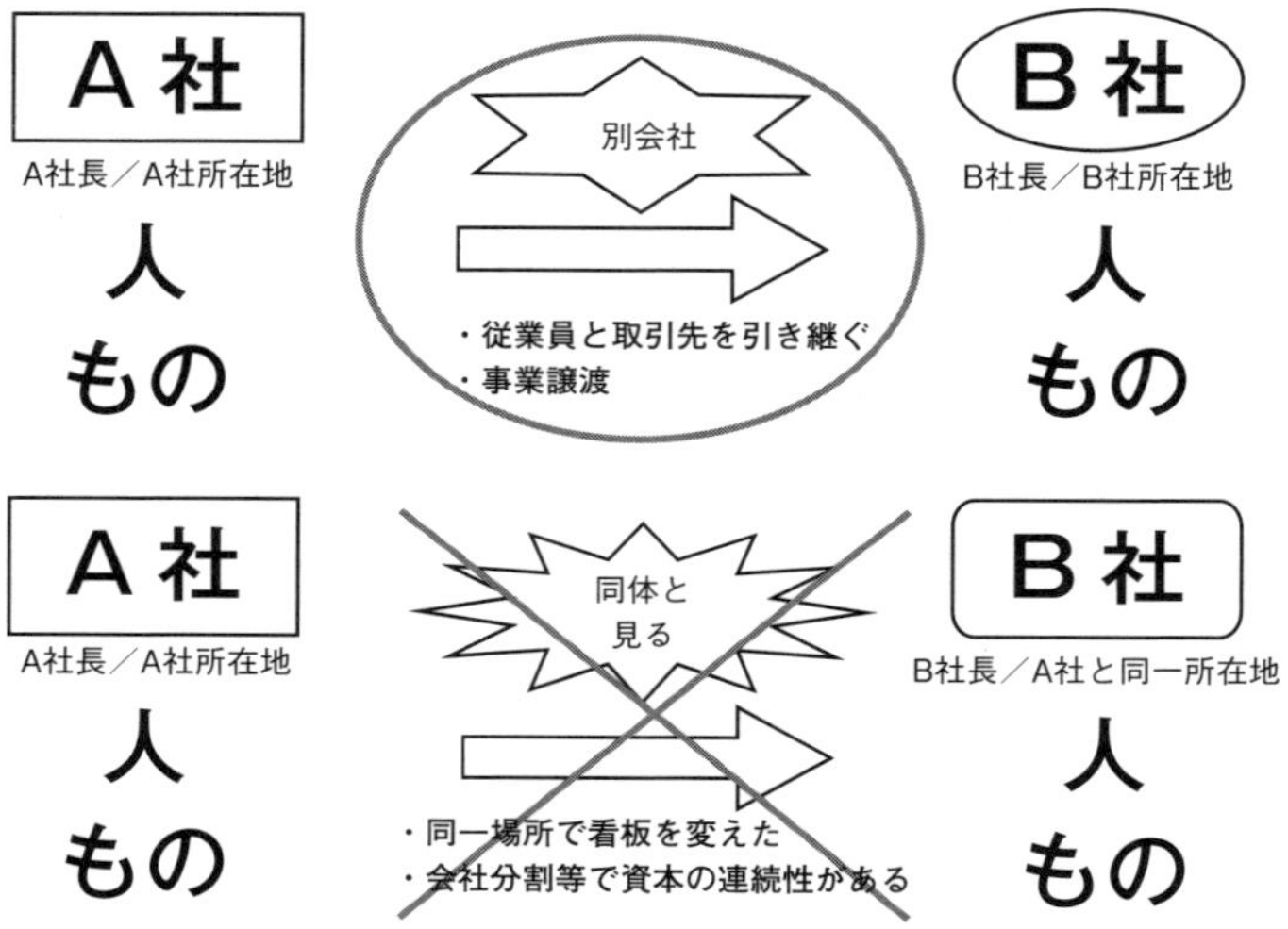

ちなみに、M&Aは、すごく大手のところが拡大するための吸収合併のようにイメージされていますが、中小企業のM&Aは再生手法の一つなのです。

こんな例もあります。ある印刷所が廃業しました。従業員はまだ若い人もいたので、知り合いの他の印刷所に移す。そのとき、取引先の仕事もそっくり移しました。

結局、何が大事かというと、会社の看板や会社という箱ではなく、実際にそこで仕事をし、暮しを営む人間なんだと私は結論づけています。

先ほどのA社の場合、会社は「眠っている」。つまり、現実には機能していません。会社が機能していなくても、事業が引き継がれた「再生」なのです。

私は「会社の再生」をめざしているわけでは

ないのです。めざすのは「事業の再生」です。この会社の場合、A社の事業をB社に受け継がせて、事業と人を生かしているわけです。要は、会社という「箱」がなくなっても、事業が残れば、働いて収入が得られ、多くの家族の暮らしがなりたつわけです。箱としての会社に価値があるとすれば、創業者や代表者の思い入れだけかもしれません。

代表者の自宅を売却する必要はない

A社長の自宅不動産はどうなっているかというと、この状況でも変わらずに持ったまま生活しています。こんな状況なら、家屋敷を売って少しでも返済する必要があるはず、連帯保証人でもある代表者なんだから、そんなことを銀行は許しておかない、とお思いになるかも知れませんね。それは、その自宅不動産が売却してお金に代わり返済に回るということが成り立つのなら、そのとおりです。

どうしてA社長は、そのまま売らずに住んで居られるのか。まず、前提として、住宅を購入した際の住宅ローンをちゃんと払っています。奥様の稼ぎと合わせて遅滞なく支払っています。

A社長の住宅を今売却したらおよそ二三〇〇万円で売却が可能です。住宅ローンの抵当権の残債が、まだ二六〇〇万円も残っています。それと、二番抵当権者に、個人から借り入れた借金の根抵当権が二〇〇〇万円付けられています。

こうなると、「無剰余」という状態で、一番抵当権者の住宅ローン債権者と二番目の根抵当権者の債権者以外の貸し手の金融機関は、その物件を売らせたとしても一円も返済してもらう原資がありません。

無剰余とは、不動産の時価以上に抵当権が設定され、担保価値がない状態をいいます。無剰余の場合、抵当権者以外が不動産を差し押えようとしても、すんなりとは裁判所に認めてもらえない、ということです。まして、無剰余状態の不動産を、債権者が差押えのうえ、競売などしようものなら、債権者は、裁判費用を負担したあげく回収はできないということになってしまいます。回収目的でないのであれば、その債務者をその家から追い出すことだけが目的になってしまいます。まともな債権者なら、そんな無意味に債務者を困らせるようなことはしません。

銀行等の債権者は倫理も道徳もあり、社会に対して、責任と誇りがありますからね。

借金が不動産を守ってくれる場合

とはいえ、金融機関にとっては、不動産は大きな金額を回収できるから垂涎の的です。もし、A社長の住宅が二番抵当権者もなく、住宅ローン残債が一〇〇〇万円しかないとします。この場合は、A社長に売却してもらい二五〇〇万円で売れれば、ローン部分を除いて単純計算で、

知っておきたい基礎知識③

自宅を守る方法①―「剰余」と「無剰余」

自宅の不動産を競売から守る方法に「無剰余」がある。

住宅ローンの残額が多かったり、巨額の抵当がついていると、競売にかけても抵当権を付けていない債権者は回収できない。

Xさんが Y銀行から500万円を借り、返せなくなったとしよう。Xさんの自宅は現在価格2500万円で、住宅ローンがまだ2000万円残っている。競売すれば住宅ローンの2000万円を差し引いても500万円残り、Y銀行は債権を回収できる。この状態を「剰余」といい、Y銀行はこの「美味しい獲物」に競売をかけたくなる。

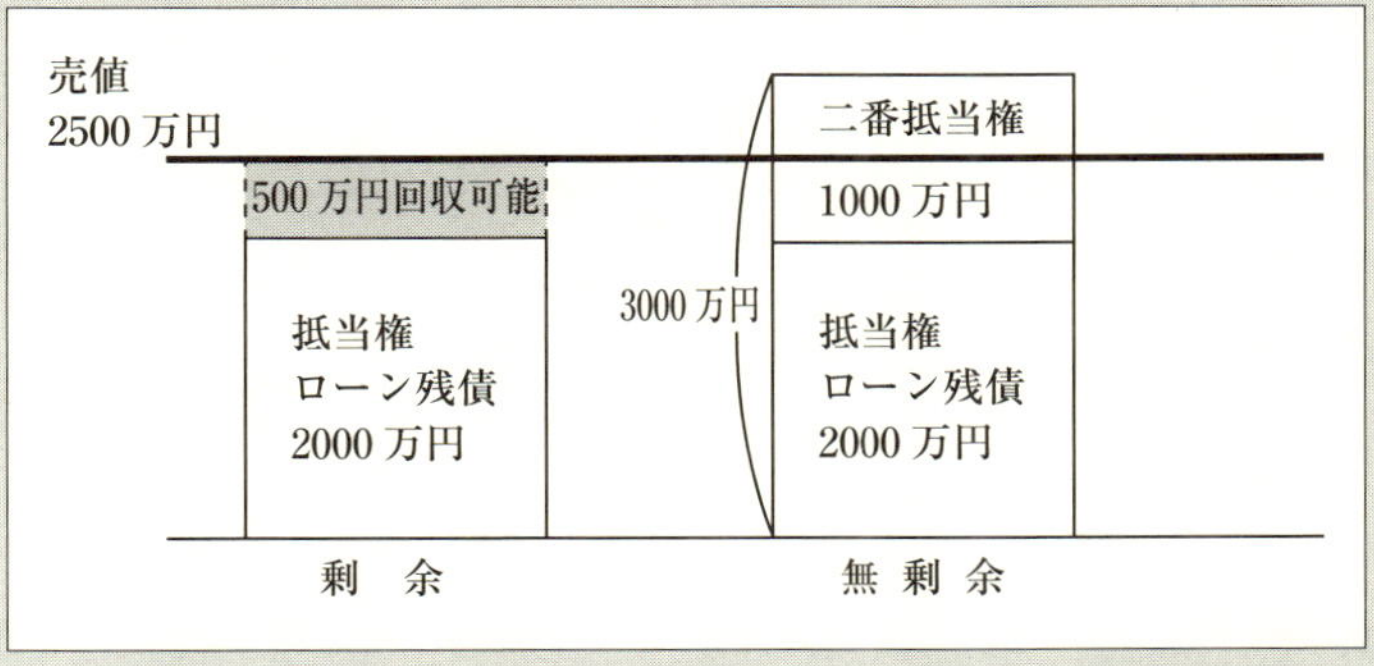

ところが、Xさんの自宅に、住宅ローンの他に、別の銀行が1000万円の二番抵当権を設定していたとする。この場合、Y銀行の競売における回収の順番は、住宅ローン、二番抵当権者の次になってしまい、Y銀行の取り分はなくなる。

これが「無剰余」の状態で、競売しても回収の見込みはなく、競売をかけようとしても、裁判所で取り下げになる可能性が高い。

抵当権や債権の回収には順番があるという原則によって、結果的に自宅が守られるわけである。会社が危なくなったら、経営者は、自宅が「剰余」なのか「無剰余」なのかを知っておこう。

一五〇〇万円が回収できます。この状態を「剰余」といって、剰余の状態であれば、債権者は差し押えて競売にかけて回収することが可能です。

しかし、A社長の場合は、ローンが二六〇〇万円、二番抵当に二〇〇〇万円、先に回収できる権利が四七〇〇万円もある。この状態では「無剰余」といって、担保をつけていない債権者は手が出せないのです。二番抵当権者も同様に今の状態なら競売にかけて回収しようとしてもできませんね。巨額のローン残債があることによって、差押えを免れている。不思議な状態です。

A社長の場合、住宅ローンをきちんと払い続けてさえいれば、しばらくは「無剰余」の状態だから、他の債権者から差押えられて競売されるという流れにはならないでしょう。

ただ、どこの銀行でも、ローン会社でも貸付契約に借主の著しい状況の変化があった場合は、契約を解除して一括の返済を求めるとの条項が入っていますから、住宅ローン会社から問い合わせがあったときには、支払っていけることを前提に説明しておいた方がいいかもしれません。遅滞なく返済していて、問い合わせもないのであれば、あえて説明に行くと〝著しい変化があったので一括で返済してくれ〟と言われてしまう可能性もありますから注意しましょう。

A社長もどんどん払い続けていくとローン残債が減って、「剰余」の状態になってしまいます。A社長の場合は、二番抵当までありますから安全だと思いますが、通常であれば、住宅ロ

知っておきたい基礎知識④

自宅を守る方法②－リースバック

返済が厳しくなり、いよいよ自宅が競売にかかりそうになった。それでも、あなたが自宅に住み続けたいと思うなら、リースバックという方法がある。

あなたは、いったん自宅を売る。そのうえで、自宅を買った人からその同じ家を借り、家賃を払って住みつづけるのである。この方法は、家を「所有」することよりも、そこで「暮らし続ける」ことを重視する人に適している。

まず、売却しても引き続き住まわせてくれる買主を見つけなければならない。親戚や友人・知人のなかに、信頼がおけて、それなりの資力のある人を探し、買主になってくれるようお願いする。賃料はお互いの合意で割安に設定できるうえ、将来、自宅を買い戻す約束で話を進めることも可能である。

もし、知り合いのなかに買主を見つけられなかったら、リースバックを投資として手がける投資会社に依頼する手がある。投資すなわち儲けの対象であるから、家賃が割高になるのは仕方がない。通常、購入費（投資額）の約10％が年額家賃として要求される。購入費2400万円の物件なら、毎月の家賃がおよそ20万円になる。

ただし、抵当権の付いた不動産の売買には、抵当権を付けている全ての債権者が同意する必要があるという決まりを忘れてはならない。債権者が損をする取引きではないことを説明して納得してもらおう。

自宅は精神的な支えである。できることなら手放したくない、住み続けたいと誰でも思うはずだ。あなたが、自宅を「資産」ではなく、家族がこれまでと同じように過ごせる「生活の場」だと考えるならば、リースバックは考慮に値する選択といえよう。

ーンの支払いを続けていったり、不動産の価値が高くなったりすれば剰余の状態になることもありえます。言うなれば危ない状態になる。ですから、もし、金融機関からの借り入れの返済に困ってきたら、個人的に借金をしていて返せていない友人や知人、親族、あるいは絶対に迷惑をかけられないと思っている取引先がいるのであれば、そういう人に不動産を担保として差し入れることが、その不動産を守ることになるかもしれませんね。

サービサーと保証協会との交渉—三〇〇〇万円の借金が二〇〇万円に

返済できなくなった銀行から、沈痛な面持ちとともに、「債権は債権回収会社へ譲渡します」、あるいは「保証協会へ代位弁済してもらうことになります」と宣言される。どちらも聞きなれない言葉と、怖そうな会社名が出てきて戸惑ってしまうかもしれません。でも、正しい認識をもって対応すれば、チャンスに変わっていきます。

リスケもやった、頑張って事業を再建しようとしたけど、いよいよ利息も支払えなくなった。銀行は、利息も支払えないとなると、大変なことになるという。そして、あるとき担当者から、「あなたの債権を〇〇債権回収会社へ譲渡しましたので、今後の対応を〇〇債権回収会社とお話下さい」という通知がくる。先ほど事例で紹介したA社にも、銀行からの直接融資（プロパー）分を〇〇債権回収会社へ譲渡しました、という通知がきました。額面は約三〇〇〇万円、それに多額の遅延損害金がたっぷり乗った通知でした。債権回収会社は法務省管轄で厳しい要件を課せられた再生を支援する会社でもあります。債権を回収するために国に認可された回収専門の取り立て集団というわけではありませんよ。会社名の言葉の響きがよくない印象を与えるのかもしれませんが。

ともかく、A社長のところにもX債権回収会社から通知の後、連絡がきました。A社長は、現在のA社と自分の状況を説明し、支払える範囲で支払っていくと支払意思をきちんと示しました。X債権回収会社の担当者は、「連絡が取れて現状を聞かせてもらえただけでもよかった」と言ってくれました。そして、「今お伝えいただいた内容を『生活状況表』に記載して送り返してください」と指示されました。生活状況表を受け取り、支払原資がほとんどないことを確認したX債権回収会社の担当者は、「承諾できるわけではないけれど、A社長が誠意をもって返済しようとされているのは理解したから、少額でも指定口座に返済をしてください。その入金があるうちは、法的手続きによらず、今後の対応の相談に乗りましょう」ということになりました。そして、五〇〇〇円を毎月決まった日に遅れずに入金し続けて約一年が過ぎたころ、X債権回収会社の担当者から、「まとまったお金を用意できませんか。二〇〇万円ぐらい用意できれば、残金の債権を放棄できるように上に掛け合う」というのです。「ただし、一括で二〇〇万円ですよ」という条件でした。

誠実な交渉と一年にわたって五〇〇〇円を遅滞なく入金することによって、三〇〇〇万円の借金が二〇〇〇万円になったのです。驚きますね。A社長は、必死の思いで二〇〇〇万円を一六〇〇万円まで下げてもらい、なおかつ二回に分割して返済し、残債を免除する和解書面を手に入れることとなりました。

これも何か不正をしているのではなく、サービサー法という法律にもとづいて、サービサーときちんと交渉してこういう結果となっているのです。

再チャレンジできる社会の実現を

新会社を作ったり、借りたお金を少額しか返さないのはずるいと感じる方もいらっしゃるでしょう。私も、そう感じて欲しいとむしろ思います。しかし、あなた自身、または、あなたの親族が、真面目に事業を起こし苦労して頑張っても失敗してしまったとき、借金が残っていたら、貸し手に何をされても仕方ないと思えますか。貸し手にも貸し手責任があることをわかっているし、賃貸の住居も確保しにくい状況になることがわかっていながら、破産をすすめられますか。ときには保険金を頼りに自殺してしまう人もいますが、それでも、非難できるでしょうか。現実には、社会の仕組みを知って合法的に対応すれば、再起できるかもしれないのに、借金にたいする正しい理解と知識がないために残りの人生を寂しい肩身の狭い思いで生きている人たちがいるのです。

ですから、ずるいと一概に思うことは、誤解だと思います。私はこう考えます。「借りたお金は返さなければいけない。ただし、その払い方や金額は、状況によって変えていい」。このことを認める社会であってほしいということです。

ここで紹介している相談者たちは、けっして遊びや、ギャンブルのために借りたり、無駄遣いしたわけではなく、事業と雇用を守り、何世帯もの家族を支えるために、お金を事業に投じて、それが約束どおり返せなくなっただけなのです。人は生きていかなくてはならないし、たかがお金のことで命を断つことを選ばざるをえない状況に追い込む社会や仕組みを私は許せないのです。

また、事業を継続してみんなが収入を得られるようにしたほうが社会にとっても有益だと思いませんか。税収も会社が潰れてしまえばゼロ、生きていればゼロにはならない。その企業、その社長に復活してもらったほうが、すべての面でプラスです。合法的なあらゆる制度を使って悲劇を食い止めるのは正義だと思います。

保証協会に代位弁済された後の交渉で協力を得る

借金を返したくとも約束どおり返せないことは犯罪ではないし、生きていく意味、価値が否定されるわけでもありません。保証協会へ代位弁済された後、保証協会との交渉で協力を得た事例を紹介しましょう。

紹介する穀物飼料卸会社は、肥料や家畜のえさをメーカーから小売り店舗に卸している会社です。C社としておきましょう。売上げは年間およそ三億円。ただ、原材料が高騰していることから利益はとても薄い。正社員は身内ばかり五人で、ほかに約一〇人のパートがいる職場です。仕入れの資金の借り入れなどが積み上がって、借金は一億円以上ありました。

銀行に借りた融資を返済できないということで相談に来たのです。相談に来る前の二年ほど、まともに返済ができていませんでした。

資金管理が杜撰すぎて、本人たちも、もうどうしていいかわからなくなっていたのです。いくらをどこにどうやって払おうか、と悩んでいるばかりで動けない状態でした。一億円の借金があり、月々一〇〇万円近く返済することになっていました。売上げ年間三億円といっても、毎月一〇〇万円の返済は大変です。

一般的に、銀行への返済が滞った場合、その月に入金がないと、翌日には電話がかかってきます。しかし、売上げが減少しているなかで、とくに売上げが悪い月に、仕入資金の支払いが重なった月には、返済できる資金がどうしても足りないことがわかる。銀行の返済をしないといけないが、さて、どうしたらいいものか、となります。わからなくなって、催促がきても電話に出なかったりするわけです。

経営者として業歴も長く地元の名士といわれる人で、年齢も七〇歳を越えていて分別のある人なのですが、パニックに陥ったのでしょう。私に相談しにきたときには、すでに銀行の手を離れて、保証協会に代位弁済されていました。この状況だと、資金が不足することがわかって運転資金の借入を銀行に申し込んでも貸してはくれません。債権者は銀行ではなく保証協会に移っているのです。

そこで、保証協会に行って経営改善計画を示し、現在の資金繰り状況、他の借入先への対応を説明して、当面月に三〇万円ずつ払いますという話でなんとかまとまりました。

保証協会も、借手からなんの説明もなく、今後の計画もなく、支払意思も示されないのでは、回収できないと判断せざるえません。不動産や預金口座などの差押えをしてきます。

保証協会への返済は銀行の返済とは少し異なります。同じ三〇万円の支払いでも、その内訳は、元金からの返済となります。銀行の返済であれば利息から支払うことになりますが、保証協会では元金が先に減っていくところは大きな違いです。なぜ、そうなるのかは、簡単に言えば、貸したお金ではなくて、立て替えたお金を戻してもらう性質のものだからです。利息は無くなるわけではありませんからどんどん増えていきますが、まずは立て替えた元金の返済を優先させるということです。利息は膨らんでいっても最終的に精算処理できるタイミングで交渉の余地があります。

そもそも、そういうときのために借入れする際に銀行に代わって自分で保証協会へ保証料を支払っていることも思い出して欲しいのです。

返済が滞ったときの法的手続き―督促から差押えまで

話は戻りますが、保証協会の代位弁済になる前、銀行への返済が滞った段階で、土地・建物の差押えに入ることはないかというと、保証協会付きで借入れた借金についてはないといっていいでしょう。保証協会が立て替えて返済してくれるのですから。しかし、保証をしてもらえない銀行独自の責任での貸金の場合は、回収も自己責任となりますから銀行の判断で差押えなどをおこなって回収しなければならないことになります。とは言え、あまり怖がる必要はありません。まずは、C社の社長のように、相手に説明に行き、今後の対応を話すことから始めましょう。ところが、現実にはこの一歩がなかなか踏み出せないことが多く、不幸な結果を生み出しているように思います。

ルール上は、お金を借りたときに結ぶ金銭消費貸借契約（金消契約）では、延滞があったら、「すぐに法的手続きに入ります」という文面になっています。でも、実務的には、すぐに法的手続きに入る、たとえば翌月入るなどということは、まずありません。

では、法的手続きにはいつ入るのか。これが決まっているわけではないのです。ただ、元利ともに三ヵ月滞ったら、四ヵ月目からは法的手続きに移るという暗黙のルールみたいなものがあります。普通の事業資金の貸付けについては、それがスタンダードです。

三ヵ月滞納が危険ライン。ちなみに、自宅の住宅ローンの返済の場合は六ヵ月が目安になります。そして、七ヵ月目にアクションを起こすという、これも暗黙のルールがあります。

滞納して三ヵ月経つと、まず「期限の利益を喪失しました。一括返済をしてください」という督促状がきます。三ヵ月間は、「期限の利益の喪失」の文面の文書はきません。「何月分がいくら滞っています。払ってください」という催促文面になっています。「期限の利益の喪失」は、すぐ一括で取り立てるぞという意味です。ただ、貸している債権者のほうも、分割で払えない会社が一括で払えるわけはないと思っています。つまり、これは返済交渉の新たなステージの始まりを告げる通知ですね。この通知は、恐怖にかられて暗闇の未来に進んでいくのか、チャンスととらえて厳しいけれど希望をもって未来を生きていくかが分かれる重大場面でもあります。

相談に来る前のC社の社長のように、どうせ返せないから対応しても無駄だとあきらめて、差押えられ、競売にかけられ、すべてを取られてしまう社長がいます。他方でC社長のように、破産という選択しかないと思っていたところに、説明して協力を得ることができるかもしれないという知識がポンっと投げかけられるだけで、事業を継続していける道を開いた社長もいるのです。

C社長はあなたより高齢かもしれません。体力も気力もなくしてあきらめても仕方がないと周りからは言われたそうです。でも、勇気と柔軟さと、なによりあきらめない意思の強さがありました。それは、起業する若年社長のそれと匹敵する力です。C社の社長の事例は勇気を与えてくれると思います。

銀行が得か保証協会が得か

ここまでの話は、銀行であっても、そのあとの保証協会であっても、ちゃんと話し合えば分割での返済や返済条件の相談ができるということです。そうなると、返済そのものを、銀行の段階でやったほうが得なのか、保証協会のほうでやったほうが得なのか、という話になってきます。正直な話をすると、資金調達をあきらめて返済のみを考えるのであれば、保証協会に返済した方が楽だといえます。前に書きましたが、保証協会では、事実上利息を考えなくてよくなる。これは大きいです。

ただ、銀行の段階で話をして有利なことは、危機から回復したあと、元金返済が可能な状況になれば、「また融資をお願いしたいんだけど」と話をしに行けることです。それが、保証協会に代位弁済されたら、もうその会社には決してお金は融資されないと思います。

事業の継続ということを考えると、銀行からの融資が受けられるというのは非常に大きなメリットです。銀行が、保証協会に投げたとなると、この会社はダメだと見限ったわけで、もう銀行から借りられないという道理は理解できると思います。

つまり、ただ返済を楽にすることだけで考えるのだったら、保証協会にすぐにでも代位弁済してもらったほうがよいくらいです。

このC社、実は、忙しい忙しいとずっと何もしないでいた。経理の人もいなくなっていて、決算申告もろくにしていないような状況でした。それなりの規模の事業だったので、私が相談に乗ってからは、経理の人を入れて伝票を整理して、資金繰りをきちんと付けて、税理士にも入ってもらって、会計処理、経理処理をきちんとやり出しました。そうしたら、意外なことに、利益がある程度出ていることがわかりました。きちんと経理処理をしただけで、利益が見えてきて、資金繰りをきちんとつけ始めると、返済原資がはじきだされて、余裕をもって月三〇万円の返済が可能になったのです。

つまり、返済資金が足りないときに、状況を冷静に整理することができていれば、保証協会の代位弁済までいく前に、単純に銀行に「リスケ」を交渉すればもっと軽い傷ですんだのです。元金返済を一時期止めたとしても、あとで復活して、元金をなるべく早く払いながら正常な状態にもっていけば、また融資の申し込みができるようになる。事業としては、こちらのほうがよほどいいのです。

今、そのC社は、保証協会に分割の支払いをしながら、ちゃんと資金繰りを立てて、元気にやっています。帳面を付けて、資金繰り表を作成するだけで、事業を明るく継続できるのです。そんな簡単なこと一つをやるかどうかで、天国と地獄に分かれます。

C社の社長は、経験から利益は出ているはずだ、と思っていたようです。けれども今月、来月の銀行への一〇〇万円の支払いができないだけで、銀行への対応をしなくなったのです。逃げてしまったのですね。払えないものを説明しても意味がないと勝手に思い込んで、銀行との対応をしないまま逃げていたら、いつの間にか保証協会に代位弁済されていた。ここで逃げ切れなくなった。もっと早い時期にお会いしたかったと、C社長とは笑いながら話をしています。

借金から逃れる「ずるい」手段を指南するなら、こんなに苦労しません。どこまでも逃げ続けなさいと言います。

私のところに相談に来てしまったら、「逃げずに向き合って、知識を付けて、知恵を絞って闘いましょう」と言われるので、むしろ苦難の道を歩くことになるかもしれません。債権者から逃げずに、誠意をもって説明し、できるかぎり返済して、再生する道を選ぶことになりますから。返すべきお金を、返せるのに返さないのはダメです。借りたお金はなんとしても返すんだ、という姿勢は貫いて欲しいのです。ですが、頑張ったけれども返せない、そのことを理由に、追い詰められて悲劇を招くことがあってはいけない。まして、連帯保証や、相続した連帯保証で借金苦に陥り、すべてを奪われることをどう思うかです。借金を背負って返せなくなったら、その人や家族が、ホームレスになろうが、命を絶とうが仕方がないと片づけてしまうのであれば、それは社会のほうに問題があると思っています。

詭弁と思う人も、まだいるかもしれませんが、私は困っているクライアントの立場に立ちます。

知っておきたい基礎知識⑤

銀行・信用保証協会・サービサー

孫子の謀攻篇に「彼を知り己を知れば百戦殆うからず」という言葉がある。事業再生でもそれは当てはまる。デューデリジェンスで己を知り、対峙する債権者が何者なのか、どんな対応をするところなのかを知っておく。ここを押さえておくだけで、戦い方も違ってくる。

【銀行】銀行法に基づく。監督官庁は金融庁

銀行の運営は非常に厳密なルールの下に行われているために、対峙する時は、自分の状況を相手の担当者が上層部に説明できるように、平易で分かりやすく説明する必要がある。相手は組織の中の立場で動かざるをえないのであり、自分は全ての権限と責任を持つものである、と心しよう。できることを自分主導で伝えていく覚悟が必要である。

【信用保証協会】信用保証協会法に基づく。監督官庁は経済産業省・中小企業庁

直接的な融資は行わず融資に対し保証してくれるところ。保証料は融資を受ける自分が負担するため、銀行はほとんどリスクを取らないですむ。利益重視の民間企業ではないため、中小零細企業の経営者に協力的である相手。だからと言って優しいわけではないので、自分の状況を平易で分かりやすく伝える必要はある。

【サービサー（債権回収会社)】債権管理回収業に関する特別措置法に基づく。法務省管轄

法務省の認可を得ている債権の回収業務と再生の支援をする民間会社である。銀行系、信販系、不動産系、サラ金系、その他とその債権回収会社がどの系統の会社であるかで相手の口調や対応が違ってくる。ただし、相手の対応に過剰に反応する必要はない。他の債権者と同様に説明義務を果たすことで、もしかしたら銀行や保証協会よりも再生への解決が早くなることもある。

第４章

危機を予防するためにすべきこと

本章のキーワード

・会社の実情を正確に知る
・「逃げない」ことからすべてが始まる
・事業継続のカギは資金繰り
・危機の兆候を察知する

大事なのは危機の早期発見・早期治療

病気は、予防そして早期発見、早期治療が大事だといわれます。会社も同じで、危機に陥らないための「転ばぬ先の杖」を考えていきたいと思います。

ある会社の病気をどうやって見つけるのかというと、まず、医者の「診察」の段階が、私の場合、相談を受けてその会社に入ってデューデリジェンスというのをやることです。後で説明しますが、まず会社の現状を正確に確認するのです。

はじめに社長さんが相談に来るときは、なんとなく売上げは落ちていて、来月、再来月の支払いができないといった、大まかで感覚的な話が多いのです。それでは対策がとれませんから、会社の帳簿や伝票をかき集めて、何が問題なのかを分析していきます。

実は、多くの社長さんたちは、自分の会社が、毎月黒字が出せているかどうかすらはっきりは知らないんです。意外かもしれませんが、そういう社長さんがけっこういます。毎日のせわしさにかまけて、帳簿の数字などろくに見ず、感覚で経営しているのですね。先のC社長もそうでした。まあ、なんとか回っているんじゃないか、と。中小零細企業の社長さんたちは、そういう意味でアバウトな人が多いですね。

今月の売上げは気にするけど、毎月お金が回っていれば、財務戦略には感心をもてないのでしょう。赤字気味だなとか、借り入れが少しずつ増えているな、とは感じています。けれども、これはなんとかしなくては、手を打たなくては、という行動につながる切実な認識になるのは、実際に、支払い資金が足りないと経理から知らされたときが多いのです。「なんで、そんなにお金がないんだ！　売上げは上がってるじゃないか！」と社長が怒り出している光景が目に浮かびます。

融資がすんなり受けられているときはよいのですが、その融資が受けられずに支払いが迫る。そこで慌てるのです。冷静に対処を考えるには、デューデリジェンスをして数字ではっきり理解する必要があります。

デューデリジェンスの実際

デューデリジェンスとは何か。『やさしい日経経済用語辞典』には、デューデリジェンス（due diligence）とは、「資産の適正評価手続き。不動産や債権、プロジェクトや企業がもつ収益性やリスクなどを複数の観点から評価、公正に調査してその価値を算定する業務」とあります。つまり企業の価値を測るわけですね。

私は、もっぱら事業の収益力を精査します。まず、帳簿と現金の流れから、お金が入ってきて出ていって、利益が出ているか、それを毎月繰り返せるのかを見てみます。再生の場面における初期のデューデリジェンスは、それで十分です。

事業の収益力を三年間精査すれば、たとえば、従業員の給与など固定費を払ったら赤字という状態がずっと続いていて、実は、借り入れの資金だけで事業を回していた実態があぶりだされてきたりします。つまり、やってもやっても、実は赤字だった。なんとか銀行から借りられていたからやっていけたんだと、社長が初めて気付いたりします。

いま一〇〇〇万円の売上げで赤字だけど、あと何百万円増やせば黒字に転化するとか、社員を一人減らせば黒字にできる、でも、そんなことしなくとも、無駄な交際費や会費を全部抑えるだけで黒字にできる可能性があるとか、そこで初めてわかります。今の窮状を救うために、すぐにお金に替えられるものはないかということも洗い出します。

専門性が高い仕事として、監査法人などが、コストと時間をかけて企業価値と将来性を分析するのが一般的だと思いますが、私の場合、デューデリジェンスの目的が事業の継続性に絞られるので、かなり徹底的に数字をつき合わせますが、事業の収益性のみを精査します。年商四〇億円くらいの会社でも、一〇日ほどで完了させるようにしています。

年次ごとの決算書で分析しようとしてもできません。事業の継続性と対策を練りたいのであれば、決算書では全然役に立ちません。単純に資金繰り、お金の出入りだけをきちんと確認するだけで十分だと思います。

事業の収益力を精査するにしても、そこには、経常収支、投資収支、財務収支と大きな区分に分かれます。全部ここで説明するのは大変ですから、とりあえず、経常収支のところだけ説明しましょう。

赤字の月がぽろぽろ

たとえば、毎月五〇〇万円の売上げがあります。仕入れで三五〇万円払います。そうすると、残りの一五〇万円でやっていかなければいけないことがわかる。社長は、その範囲でぎりぎりやっていけていると思っていたけれど、そこから人件費、労務費、固定費、変動経費、諸経費を抜くと、赤字の月がぽろぽろ出てきた。なんていうことがわかります。

デューデリジェンスの結果をつきつけられて、初めて社長さんが、「やっぱりそうだったか。うすうす感じてはいたんだが」ということになります。

ちょっとわき道にそれますが、金融機関は、決算書のみを融資判断の資料として、それが黒字で、BSで債務が資産を超過している債務超過に陥っていなければOK。こうした安易な見立てしかやりません。基準に足らないことがあっても、担保や保証協会の保証がとれたり、連帯保証がとれれば融資をします。

だから、ほとんどの中小企業は、無理をして黒字の決算書を作って銀行に出す。売掛金や在庫などを無理に調整してまで黒字にする。本当は資金繰り改善、内部改善が必要なのに、安易に借入れに頼ってしまう。これは悪循環ですね。

本来であれば、銀行も貸す前にその会社に赴き、担保や保証に頼らないで、資金の流れを確認する事業収益力のデューデリジェンスくらいはして、その会社が、儲けられるお金から返済できる金額（収益弁済可能額）を逆算し、それに応じた融資額を決定するべきだと思います。

場合によっては、融資を控えて、「融資を申請する前に、社内で資金の調整を考えたらどうですか」とアドバイスすべきだと思います。それをやらずにどんどん貸し付けて、返済できなくなったとなれば、借り手側だけに責任があるように責め立てるのは都合がよすぎませんか。

貸し手責任が問われるべきです。

毎月の「お金の流れ」をつかむ

会社の現状を把握するために、社長さんが自分でできることとして、二つ用意するものがあります。一つは資金繰り表です。これで毎月のお金の流れをつかむことができます。経理の人に、毎日お金の出入りを付けてもらって、それを毎月の資金繰り表にまとめるのです。二つ目は残高試算表です。税理士事務所や、会計ソフトを使っていると残高試算表というかたちで毎月の決算書が出せます。それで最近の会社の状況が把握できます。残高試算表のなかで、損益

知ってておきたい基礎知識⑥

決算書とは

【損益計算書＝P/L】 学校の生徒と同じく、企業にも年度末に成績表が出る。それがP/Lだ。企業の成績は「利益」で判定される。P/Lは「売上」、「経費」、「利益」の一覧表で、売上総利益、営業利益、経常利益、当期純利益といったさまざまな「利益」がいくら出たかが書いてある。企業がそもそも儲かっているのか、儲けはどこからきたのか、本業で稼いだのか、それとも投資で儲けたのかなど、1年間の企業のパフォーマンスがわかる。

ただし、P/Lの数字が現金の動きではないことに注意すべきである。銀行からの融資は収益ではないが、実際には手元に現金が増える。この現金の動きはP/Lには載らないのである。

【貸借対照表＝B/S】 ある時点での会社の財産状況、いわばフトコロ具合を表わすもので、専門用語でいうと、上のP/Lが「フロー」で、こちらB/Sは「ストック」の会計データということになる。B/Sは、左右に分かれており、左に「資産」、右に「資本」と「負債」が載る。

まず左。「資産」といっても口座にある現金や不動産だけではない。資金をつぎ込んで買ったり作ったりしているものの合計が「資産」だ。電力会社なら発電所など固定資産、商社なら売掛金の比率が高い。

右の「資本」と「負債」は「資産」がどこからきたものか、その調達源泉を示している。「資本」は、株主のお金と利益の積み上げであり、「負債」は借入したお金だ。左側と右側は必ず同じ金額になるはずなので、バランスシート、B/Sと呼ばれる。

【キャッシュフロー計算書＝C/S】 1年間の収入と支出を営業活動・投資活動・財務活動ごとに区分し各活動の現金の動きが記載されている。上場会社では義務付けられた。

以上の3つが「財務三表」と呼ばれる決算書である。

計算書に税引き前当期利益という項目が出ています。そこが黒字であれば、数値上は儲けが出ている事業ということになります。でも、それで安心するのはまだ早い。この利益から納税をし、銀行への返済にあてるわけです。毎月のこの部分が、一年の税金を一二で割った金額と銀行への月々の元金の返済額をプラスした額に達しているかどうかを見ます。達していなかったら、抜本的に見直さなければいけません。決算書上は黒字で利益も出ているのに、なんでお金がこんなに厳しいのかと思うのは、この部分を理解しにくいからです。

さらに、資金繰り表を三～六ヵ月先まで作成してみて、常時残金がマイナスにならないかどうかを常に確認する必要があります。

もしこの作業をやったうえでもなお、銀行から借りて大丈夫だとわかって借りるのがまともな融資の受け方です。これなら、銀行から借りるというかたちで、業務に資する投資もできれば、一時的にも資金難は逃れられます。

それでやっていけないことが判明したら、経費の削減から始めます。自社でできることですから、まずはそこからです。数字の見方がわからないというときは、自社の経理の人に二つの表を作ってもらって、税理士に解説してもらうのもよいでしょう。

「逃げる」ことから悲劇は始まる

自社で簡易なデューデリジェンスをしてみて、やはり会計上ではなく、資金繰り上厳しい状況であることがわかりました。ではどうするか。病気を重くしない、こじらせないようにしなければなりません。

まず、声を大にして言いたいのは「逃げるな！」ということです。

本書の第1章でも言いましたが、これは経営悪化から本格的な危機へと陥らないための鉄則ですので、もう一度繰り返します。

たとえば、第3章のC社の場合、黒字経営だったのに、あるとき、銀行への月々の返済が滞りそうになっただけで、銀行からの電話にも出ないで、ずっと逃げていた。そしたら、銀行が保証協会に投げて代位弁済されてしまっていた。

分別のある七〇歳代の社長でさえこうです。返済のためのお金がないと知った経営者の多くが逃げようとする。でも、いくら逃げ回っても、逃げ切れるわけではないのです。

第3章をおさらいすると、まず、多くの場合、金融機関に融資の返済ができなくなることから本格的な危機がはじまります。そして社長が逃げることが、危機を深化させます。払えないから逃げて、手を打たない。すると、督促がくる。「期限の利益」がなくなり、一括返済を迫られる。分割で払えない人が一括で払えるわけもなく、そこでまた逃げる。すると、いよいよ差押えとなり、事業も自宅も失う、というふうに、どんどん深刻になっていきます。元凶は逃げるという行為です。しかし、なぜ逃げようとするのでしょう。

何をしていいかわからないからです。こういう場合に、どう対処すべきかを知らないのです。教えられることもなく、相談相手もいない。私は、これは恐るべきことだと思います。

一般的には、危機のとき人はパニックになりがちだから、対応をマニュアル化すべきだといいます。地震のときは、すぐ火を消して机の下にもぐる。津波が来たら、一目散に海岸から離れて高いところに上がる。でも、経営危機への対応は教えられていないのです。

復習ですが、返済が苦しくなったら、まずはどうするのでしたか。そう、リスケジュールです。

まずは「リスケ」で態勢立て直し

金融機関にわけを話して返済条件の変更（リスケジュール。「リスケ」とも言う）を頼み込みます。

それがオーソドックスな対応でしたね。当面、たとえば、利息だけの支払いでしのげれば、ひとまず態勢立て直しの余裕ができます。率直に、誠実に、正面から金融機関に向かいあってください。「リスケ」は難しくありません。銀行に説明して協力をお願いするだけなのです。それだけで、危機を入り口で食い止めることができます。早期治療ですね。どの段階でも打つ手はあるのですが、やはり、逃げることがいけないのは、対応が遅くなってしまうからです。早め早めに手を打てばなんでもなかったことが、逃げることで、時間がどんどん過ぎていって、最悪の事態を招くまでになります。小さな切り傷が、消毒しなかったら化膿して手術が必要になるようなものです。

返済を初めて止める段階で「リスケ」を交渉するのは簡単ですが、延滞期間が数ヵ月も続き自宅が差押えされそうになってしまった段階での再生には、打てる手が狭まり、再生できる選択肢をなくしていきます。非常に苦しく辛い部分も出てきます。それに、終結までに長い努力が必要になります。

早期発見、早期治療ということが、やはり事業の再生の現場でも必須です。

資金繰り表が最重要資料

危機にいたらぬための予防としては、今月、来月いくら入ってきて、いくら出ていくのかということ、ごくごく基本的なことをつかむことです。できれば三ヵ月以上先まで把握したいですね。しかし、日々の業務のなかで経理任せで通帳残高も見ていない社長が多い。

逃げたくなるもう一つの原因が、ここにあると思います。今どうなっているかわからないから、何をしたらいいかわからない。困った、逃げよう、ということになります。そうならないためにも、資金繰り表は、事業継続には最重要資料なのです。

私は、相談者が来たら、まずは、会社の状況を教えてくださいというところから始めます。資金繰りが厳しくて来ているのは分かっていますから、お金がいくら足りないという話を聞きたいわけではありません。社長の自慢話と愚痴を聞きたいのです。ふざけているわけではありません。そこに社長が自社に抱える問題の本質が必ず入っているからなのです。

次に三期分の決算書を見せてもらいます。それは、銀行がその会社をどう判断しているか推測するためです。私の事業再生手法にとって会計数値は参考値でしかありません。決算書とお金の出入りは違うので、資金繰り表を付けていますかと聞きます。

損益計算書（P／L）は、計上ベースで付けられているので、実際の入出金と合致していません。また、当期純利益が、実際の利益として現金で手元にあると思ったら大間違いです。お金があると思ったら、実際にはない、なんてことになります。

反対に、PLで、当期純損失で△がついてマイナスと表示されてるのに、会社にお金がある状態だってありえます。たとえば、支払いが計上されていても、実際に支払っていなければ、会社にその支払うべきお金がまだあるという状態です。つまり、決算書は、現金の入出金とは一致しない。だから、資金繰り表を確認させてもらうのです。

今いくら持っているのか、来月いくら入ってきて、いくら払わないといけないのか、がわからないと何もできないので、まず、そこをしっかりしましょうという話から入ります。

資金繰り表は、ある意味もっとも大事なものなのに、付けている会社は意外に少ないのです。付けていたとしても、経理任せになっていたりします。経理任せにしてしまうと、本当の入出金基準での会社のやりくりが見える資料であるはずなのに、銀行対応資料として良く見せようとして売掛金の入金予定まで入れてしまって、実態が見えにくくしてしまう傾向があることにも注意が必要です。

資金繰り表は、社長が自分で理解できるかたちでシンプルに作成してもらい、いつでも見られてチェックできる状態になっていないと意味がありません。

そうしないと、ある日突然、経理が、今銀行に金がないですよと言ってくる事態に遭遇する可能性も出てきます。「来月、どうしますか」などと突然言われて、泡を食う社長はたくさんいるのです。資金繰り表を付けさせていても、自分で見ていない社長もいます。任せきりなのはよくありません。

「売上げ重視」の落とし穴

中小企業の社長が得意なのが「カンに頼る経営」。売上げが立っていればいいだろうと思ってしまうんですね。経営計画は自分の頭の中にあるから、それにそって経営はできているという社長がけっこういます。経営は奥が深く、一人ではできないから知識の共有が必要なのも理解しているし、必要な数値を把握したいとも思いながら、その資料作成を部下に指示しづらくて、作成していない。だから、不安になる。不安なのに、それが言い出せない。言えることは売上のことに限定しがちになる。

中小企業の社長たちは「売上げ重視」になりがちです。私に言わせれば、これは一つの病気です。いつもと同じ場所で、いつもの顔ぶれの従業員がいるから、なんとなく経験で、いくらまで売上げが上がっていれば問題ないはずだ、売上げさえ保っていれば潰れることなんてないと思ってしまうのです。さらに、経営コンサルタントの多くが、売上げをどう上げるかを中心に企業を指南しています。世の中全体の風潮が「売上げ重視」です。書店のビジネスコーナーを見ても、マーケティングはこうしろとか、消費者のニーズをつかめとか、売上げを増やす方法の本ばかりです。

しかし、肝心なのは「利益重視」の経営管理です。売上げと経費のバランスが大事で、片方に集中してしまうのはいけない。

売上げばかりを重視すると、資金繰りを疎かにしがちになります。帳簿上の売上げが立っていれば、実際にお金が入ってきていると勘違いして大丈夫だと思うのですね。これだけ売り上げていれば、きちんと支払っていけるはずだと思い込む。

社長はみんな、通常の販売管理費（販管費）といわれる費用――人件費とか、家賃とか、電気・ガス・光熱費とか――について、感覚で大雑把に把握しています。通常の売上げと通常の販管費だけだったら、社長の頭の中にだいたい入っているのです。ところが、実際にはお金がなくなって「そんなわけないだろう」という発言が出てくる。

それは、たとえば、三ヵ月前に仕入れた原料の支払いが今月回ってきて大きい支払いが必要だとか、年に二回の消費税や社会保険料支払いが今月に当たっているとか、年二回のボーナス月で、前回プラスアルファして全員にボーナスを支給すると約束していたとか、そういう周期のサイクルが頭に入っていないからです。

毎月の販管費の支払いの話ではなくて、単月で大き目のお金が必要になってくる場合がある。だから、売上げが立っていれば大丈夫という話ではないのです。月ごとの支払いに波があるし、業種によっては売上げも毎月大きく変動します。だから、大きく支出が膨らむ月がくるのを予想して、その分をストックをしておかないといけない。そうしないと、税金、支払い期日指定の原材料、ボーナス月などの支払いに、対応できなくなって、急遽お金を借りに行くことになったりします。

ストックしておくのが理想ですが、急な大きな支出があれば、ストックしていたつもりの資金もすぐに出て行ってしまうのが現実でしょう。こう考えると売上重視で、毎月このくらい売上げていれば大丈夫というわけにはいかないのが納得できるでしょう。ですから、理想的なことはできないながらも、三ヵ月先、六ヵ月先の資金繰り管理表は絶対に必要になるのです。

事業継続のカギは資金繰り

資金繰りは、会社が黒字かどうかということとはまったく別のことだということです。これをいつも意識して欲しい。会計上赤字、実質赤字であっても、翌月の入金額から、支払いが期間を延ばしながらでもできる見込みがあるのなら、事業は継続していけるのです。

資金繰り表を付けるだけで、今まで不明確だったものが明確になる。そこから、債権者への対応の仕方、苦しんでいた借金の問題をクリアする方法なども見えてきます。

要するに、決算書というのは、一年に一回期末に作られるもので、一年の結果として会計上で黒字だったのか、赤字だったのかはわかる。しかし、今から何をすべきかという当面の方針には、そのまま使うことはできません。資金繰りを見なくてはならないということです。

今、資金が必要で、その資金を使って何をするのか、そうしたらどう儲かって、どう返していけるのかを決算書のみで判断するのは、そもそも無理なのです。

たとえば、飲食店などでも、どれくらい売れるかの予測が立って、それに対してどのくらい仕入れるかを実績をもとに予測できるようにしておかないと、どのタイミングで何をすればよいのかが見えてこない。長期的な戦略のなかで、決算書のBSにある資産や負債を判断材料として、PLの利益と経費を見ながら経営方針を立てることは大事ですが、現在と近い未来を経営していくには、決算書は判断材料にならないのです。近い未来の継続を繰り返すことが事業継続の視点なのです。

黒字企業が倒産するわけ

経営というものは、複眼的にいろいろな要素を視野に入れて作り上げる、いわば〝総合芸術〟だと表現する社長もいれば、奥が深いと唸る社長もいます。売上げに対する営業戦略から、管理システムの効率化、人事・労務の戦略と、数値に基づく財務戦略以外にも多角的視野が同時並行して稼働していますから、単一の視点だけから問題を解決することはできません。

それでも、中小企業の経営という〝芸術〟を完成させるには、お金の出入りを把握して、予測を立てることから始まります。決算書重視の経営計画をしていると、利益が出ているのに倒

知っておきたい基礎知識⑦

黒字倒産

黒字なのに倒産とは意外に思われるかもしれない。

しかし実は、黒字倒産ははるか昔から知られていた。それを言い表わしたのが「勘定合って銭足らず」という格言である。いつごろできたのかは不明だが、商いを帳簿に付けるような商慣習の社会ならば、黒字倒産はよく知られた現象だった。

ある商人が、現金でものを仕入れ、それを売って金を受け取る商売をしているとする。現金と商品とはその場で同時に交換され、手元の現金がそのまま儲けとなる。では、しだいに商いが大きくなるとどうだろう。大きな仕入をするのに十分な現金がないので、支払いを待ってもらう。一方、大口の売り先からは、代金を待ってくれと言われる。自然と、買掛金と売掛金を帳簿に付けて管理するようになる。帳簿上での売り買いと実際の現金の動きに時間差が生れてくる。

さらに商いが増えれば、人手を雇い倉庫を持つようになる。売上げが現金で入ってくる前に、お金が先に出ていく状況が恒常的に発生してくるのである。

そうなると、４ヵ月後に巨額の売上げが入ってくる目途があるにもかかわらず、手元にお金がないために、今月が期限の仕入先への支払いや従業員の給料が払えないという事態が起こりうる。これでは商売は続けられない。この商人は、帳簿上は儲かっていて黒字なのに、手元にお金が無くて払えない状態で倒産してしまうのである。

この商人は江戸時代にもいただろうし、ひょっとしたら、現代に生きるあなたかもしれない。会計ソフトがあるから安心だなどと思い込み、資金繰り管理を疎かにする経営者こそは、「勘定合って銭足らず」という昔の人の格言を、今一度かみしめるべきである。

産する会社を生み出します。

決算では黒字なのに、儲かっているのにつぶれるのはどうして、と不思議に思う場面に遭遇しませんか？　みなさん意外に思うかもしれませんが、実際珍しくありません。倒産した中小企業のなかで、黒字倒産はかなり多いのです。売上げが、現金として入金される前に、先に支出するべき金額が払えずに会社が倒産してしまうことがあるのです。

具体的に、テレビ業界で説明しましょう。番組が放送されるまで、どんな作業になるかといえば、テレビ局と番組を作る契約をします。そこから調査、そして取材、撮影があって、それが終わると映像素材を編集し、テロップを入れ、ナレーションを入れてテレビ局に納品します。その間、お金が入らずに、どんどんお金が出ていきますね。

とくに海外取材などがあれば、渡航費・滞在費だけでなく通訳やガイドも雇いますし、国内でも長期密着取材などしたら交通費・滞在費が大変です。カメラや音声関係の機材レンタル料もばかになりません。それから、意外にお金がかかるのが編集などポスト・プロダクションと言われる取材後の作業です。スタジオ費だけで数十万円かかることもあります。

取材や編集など制作経費だけでなく、会社のスタッフや撮影してもらったカメラマンなどの人件費も出ていきます。実はこれが大きい。その間、お金はずっと出っ放しです。それで、テレビ局からお金が入ってくるのは、通常は放送した月の翌月の末です。放送が月のはじめだと、放送から入金までに二ヵ月近いギャップがあります。取材開始からお金が入るまで、長い場合は、一年ぐらいかかることがあります。

会社の帳簿に売上げが計上されるのは役務の提供時点、つまり納品または放送のときでしょう。ところが、実際にお金がテレビ局から入ってくるのは、最長で二ヵ月後になる。会社によっては、受注した時点で売上げを計上するところがあり、その場合のギャップは一年以上になってしまいます。それまでは、売上げは計上されていても、お金は一円も入っていないのです。その間に、人件費やその他の経費の支払いがある。経費にはいろいろあって、業種によって原材料費が大きいとか、費目は違ってきますが、先にどんどん支出がある。それで、実際にお金が手元に入ってくるまでのある時点で、資金が枯渇して事業が止まってしまうことがあります。これが、資金繰りができなくなったという状態です。

一年を通してみれば黒字なのに、資金繰りができなくて行き詰るのです。こうした黒字倒産のメカニズムを知ると、資金繰りこそ経営の要であることがあらためてわかります。

事業自体は利益を出しているのに、当座のお金がないために倒産してしまうのは、実にもったいないですね。

資金繰り表の実際──自社用に作成する

資金繰り表といっても、具体的にはどんなものを作ればよいのでしょうか。

ここは重要なポイントです。一見してシンプルに、現金の流れを理解できる表でなければなりません。月単位の資金繰り表が最低限必要ですが、自社の入出金状況に合わせて、月中で会社に一番お金がある日と、ない日が確認できる表にしてあればベターです。日々管理の日繰り表まで作る必要がある業種や会社もあります。一番重要なのは、会社に現金がいくらあるか、いつでも把握できるようにすることです。

月単位の資金繰り表を付けていながら、資金不足でパニックになる場合があります。それは、その会社の現金の流れとして、月単位の管理では不十分だからです。たとえば、入金が毎月末で、支払いが五日、一〇日ごとにあり、二五日が給与の支払いだとすれば、一番会社に資金がなくなるのは、二五日の支払い後ですね。とすると、この日の現金残高が重要なのです。

会社の取引先の数にもよりますが、本来なら、日繰り表と合わせて月次を管理して、先々の資金管理に有効に活かせるようにしなければならないのです。

毎月の資金繰り表を付けて、できれば二~三ヵ月先までのお金の出入り予測をつける。そうすると、たとえば、来月の一五日ごろに資金ショートするとわかってくるわけです。

平成 27 年 1 月～6 月　資金繰り計画書

			1月	2月	3月	4月	5月	6月	中間合計
経常収支	営業収支	売掛金入金							
		現金売上							
		雑収入							
		収入合計	0	0	0	0	0	0	0
	原価	材料費							
		外注費							
		経費							
		原　価計	0	0	0	0	0	0	0
	売上総利益		0	0	0	0	0	0	0
	一販管理費	役員報酬							
		人件費							
		社会保険							
		公租公課							
		地代家賃							
		保険料							
		用水光熱費							
		旅費交通費							
		事務通信費							
		支払手数料							
		雑費その他							
		管理費計	0	0	0	0	0	0	0
	支払利息・割引								
	その他支出								
	経常収支合計		0	0	0	0	0	0	0
税金・社保等	法人税等								
	消費税等								
	源泉所得税								
	社会保険料等								
	可処分利益		0	0	0	0	0	0	0
経常外収支	借入金								
	返済								
	経常外収支計		0	0	0	0	0	0	0
当月資金過不足			0	0	0	0	0	0	0
月初繰越現預金			0	0	0	0	0	0	
当月末現預金残高			0	0	0	0	0	0	0

まずは「逃げない」。そして資金繰り表を付けて、資金が不足するタイミングがわかった時点で、社長は資金ショートを一回腹に飲み込んで、誠実に取引先に対する現状の説明と今後の方針を説明する覚悟をしましょう。決して現実から逃げてはいけません。あとは、すでにおわかりですね。お金が足りないのだから、支払いの優先順位をつけていきます。

優先順位は「人・もの・金」

優先すべきなのは「人・もの・金」の順。だから、今月、支払いを止めさせてくださいと相談する順序はその逆で、「金・もの・人」。まず金融機関への返済を止めましょう（第1章三一頁参照）。

苦しいときは率直に「支払いを待って」と銀行に言ってください。一ヵ月だけ待ってもらってすむならそれでよし、もし、しばらく資金繰りの困難が予想されるなら、「リスケ」を申し出ましょう。

たとえば、一年間、元金を返さずに利息だけの支払いにする。初めておこなわれるリスケジュールは銀行も受けやすいでしょうが、リスケ期間が三年目に入っていたり、リスケ後のリスケの場合は、銀行の対応も厳しいので、元金の一部返済、それがたとえ数千円であったとしても元金返済があるかたちで協力してもらいましょう。

初めに銀行を止めるなんて言いにくいとか、できないと思い込んでいる社長もまだまだいますが、事業の本質として、事業で出た利益で、まず自分や従業員、その家族の暮しを確保する。つぎに、材料の仕入れ費、機材の購入やメンテナンスなど必要な「もの」の手当てをする。そして、税金を払ったあとの残った金額を借入金の返済に回す。こういうお金の流れの優先順位を変えてはいけないのです。本質というか、原理原則を外せば会社と事業そのものが崩れてしまいます。あくまでも事業を続けるということを第一に考えましょう。くれぐれも、借金返済を第一に置かないように。

お金でビジネスをしている銀行などは、業績が回復するまで待ってくださいと、長期的に止めることができます。「もの」は、仕入れ先などに「ごめん、来月にして」とか、「三ヵ月先には、大きな金額が回収できる見込みがあるから、そこまで待って」と、短期的に止めることができる。「人」は、いわば事業そのものです。「人」がいなくなっては、事業はなりたちませんから、本来止めるわけにはいかない支払いなのです。

お金が足りないなら、どこに支払猶予をお願いするのか。長期的に金融機関にお願いするのか、短期的に仕入れ先とか取引先にお願いするのか。この采配さえしっかりやれれば、一時期、かなりの資金ショートが生じても倒産しません。少なくとも、先ほど出てきた黒字倒産は十分に防げます。

売上げがあるのに、たった一時期だけ支払いができないといった場面で、もう倒産を考えたり、逃げる方向に走ったりする社長が多いのです。ここで書いていることを実践すればよいのです。どうしても上手く行かない、納得できないという方は、私のところまで相談に来てください。恥ずかしくて「今月払えない」って言えないなら、私が一緒に言いに行きますよ。私の今までの経験では、断られ、潰されたことは一度もありません。

危機の兆候①──資金繰りのために融資を申請した

ここまでは、早期治療というか、危機の入り口にある会社が症状を悪化させない方法を紹介してきたのですが、では、もっと前、予防するにはどうするか。「こんな兆候が出てきたら風邪に注意」みたいな、危機の兆候、赤信号の前の黄信号の状況とはどのような状況でしょうか。原因もないのに、いきなり重病になることがないように、突然、明日から重大な危機がやってくるわけではないのです。細かい分析などしなくても、なんとなく〝兆し〟が漂うものです。「会社にこんな兆候が現われたら要注意!」の一つ目は、支払い資金が足りないから融資を申し込もうと思ったときです。これはごく当たり前というか、中小企業の社長たちが普通にやってることのように思うでしょう。

よくよく考えてみてください。それがシグナルです。当面ちょっと足りないから貸してと銀行に行くこと自体がシグナルです。

銀行からお金を借りること自体が悪いのではなくて、問題は、お金を借りる動機、理由です。タイミングよく事業を拡大するとか、ビジネスチャンスを逃さないための、前向きな借金はよいことです。返済計画も具体的に提示できるでしょう。でも、資金繰りが厳しくて、ここで借りてしのげれば、ゆくゆくなんとかなるだろうと思って借りに行くというのは、危機へのシグナルです。

運転資金の当面の不足を埋めるような借り方をしていると、クセになって繰り返します。奇跡的に売上げが上がる、制度として自社の仕様やサービスを受ける必要性がすべての会社に出てきたといったことがない限り、その借入の返済計画は具体的にならないでしょう。

銀行から借りたいなと思ったら、今、融資を受けたら、本当に返すことができるような会社の状況なのか、ひょっとしたら、ずっと慢性赤字の体質になっていて、ただカンフル剤として借りようとしているのか、経営を見つめなおすきっかけにしたいですね。

支払いを止めるという選択肢は、もうこの段階で使うべきなのです。支払いを止めるということは、融資を受けるのと同じ効果だということを知ってください。

だから私は、「借りに行くくらいなら止めなさい」と言います。

一〇〇万円融資を受けて、そのお金をそのまま取引先に支払う。で、その一〇〇万円はあとで銀行に返すんですね。会社からすれば、お金の出るタイミングを遅くしただけです。だったら、直に取引先にお願いして支払いを待ってもらえば、同じことです。一ヵ月待ってもらえば、一ヵ月の短期融資を受けたのと同じ効果です。そういう資金繰りの頭をもちましょう。

それに融資を頼みに銀行に行くと、怖いワナが待っています。当面は一〇〇〇万円で足りるのに、銀行は、「まだ貸出枠があるから一〇〇〇万円まで融資できますよ。返済方法は、七年支払いで組んでみましょう」とか、「期日がきたら折り返しする短期融資にしましょう」などと提案してきます。一見、月々の返済は少額なので、何も問題ないように感じます。それに、お金がたくさん手元に合ったほうがよいと思ってしまう。そうこうしているうちに、借入金が膨れあがり、返済が重くなる。

自分の会社が、どのくらい払える力があるかも判断せずに借りてしまえば、赤字体質の会社ならその九〇〇万円がなくなったら返せなくなるのは当たり前ですよね。

危機の兆候②――会社に自己資金を投入した

「こんな兆候が現われたら要注意！」の二つ目は、兆候①と中身は同じことですが、会社に自己資金を入れようと思ったとき、もしくは、入れたときです。銀行には行かないけれども、自分の貯金など、ストックのお金を会社につぎ込む人がいます。

銀行から借りるのは、返さなければいけないし、利息がつくから嫌だ、身内などから借りてお金を会社に入れればなんとかなると思っているのだったら、それがシグナルです。慢性的に足りないのかもしれないぞ、と振り返りましょう。

危機の兆候③――漠然とした危機感を感じた

「こんな兆候が現われたら要注意！」の三つ目は、経営者が、漠然とした感覚として、売上げが伸びなくて、このままではマズいのではないかと頭に浮かんだときです。カンみたいなもの、フィーリングというか、感覚ですね。

「景気悪いな、うちも。このままでは人を切らなければいけないかな」などという思いがふと心をよぎる。そういうときは、何か気になることがあるはずです。ふだんはあまり意識しないけれど、忍び寄る危機が社長の心に反映するんです。そんなときには、立ち止まって会社のありようをいろいろな角度から見直すとよいでしょう。

そのほかに多く見られる兆候としては、今までのものとちょっと違いますが、家族に会社のことを話さなくなることです。会社のことを家庭に持ち込んではいけないと思って、悩みがあればあるほど家族に黙っているという傾向があります。

第５章

危機こそチャンスととらえる

本章のキーワード

・危機をチャンスに変える
・再生に必要な人材を見極める
・「家族を守る」とは

危機がきっかけで「まとも」な経営に

いま、私たちの周りには、〝危機〟があふれています。少子高齢化、財政破綻、そこに起きた東日本大震災と原発事故、そもそも環境破壊が進んでこの地球の生態系の持続可能性が脅かされています。でも危機がとりざたされるたびに、「ピンチはチャンスだ」と言われます。たしかに、今も昔もその時々に危機はあり、すべての人に安心、安全で幸福な世の中など歴史においては例外ですし、経済成長の時代でもすべての事業がうまくいったわけではありません。世の中全体に関わる大きな問題が、中小企業の業績にも影響を及ぼすことはありますが、お金の問題で一個人、一事業者に及んだ危機は、乗り越えるだけでなく、チャンスに変えることが可能だと思います。では、あなたの抱えた危機は、どのようにすればチャンスに変えられるでしょうか。

私のクライアントは、社長が自ら命を断とうと思っているような、世間から見ると事業の失敗者であり、なくなっても仕方ないと思われる会社ばかりかもしれません。でも、お付き合いさせていただいての実感は、すべての会社が素晴らしい事業をおこなっており、魅力的な経営者ばかりです。だからこそ、まさにピンチはチャンスなのです。危機に対処していくなかで、ほとんどの会社がいろいろな意味で「まとも」になります。「まとも」になるというのは、経営が正常化するという狭義の意味でのことではないのです。

経営が財務的に余裕ができ、取引先への未払い、返済の滞納、税金の分納がなくなり、利益が蓄積されるという正常化ができることが、あなたが考える正常化であるかもしれませんが、そこまでには時間がかかります。それより一段下がって、私が言う再生の段階における「まとも」とは、「事業が継続して再建していける状態になる」ということです。

今まで社長が〝感覚〟や〝勘〟で経営していたところを、数字を基にした見方ができるようになり、売上げ重視から利益重視、現預金重視に変わる。それによって、会社の実態にあった経営を取り戻そうと、本気で取り組みだす。こういう状態を「まとも」と表現したいのです。

まず、デューデリジェンスで、「おたくは進行性の病気にかかっていますよ」などと告知されることから再生へ向かいます。デューデリジェンスの結果で、社長はいったん愕然とします。危機の〝勘〟が数字となって目の当りにするのですから、当然でしょう。

体調がなんとなく悪いな、というところから、実はどんな病気にかかっているのか、どこがどのくらい悪いのか、このままにしていると今後どう進行するのか、自分の会社のリアルな姿を見せられるわけですから愕然とするわけです。会社の現状を自覚するのはその時点です。

そして、「人・もの・金」の本来あるべき、まっとうな経営に踏み出していく。資金繰りをチェックし、支払いの順番を考え、銀行と対等に渡り合っていくようになります。

大病をしたからこそ、健康的な生活をめざすというわけです。

会社が危なくならなかったら、会社の運営の改善に本気で手をつけるということもしません。体調が悪いといっても、今日、明日は生きていられます。死ぬかもしれないという実感をもたないと健康管理に真剣に取り組まないことに似ていますね。あなたが考える正常化にたどり着くには、まずは健康を取り戻す過程で日々生きていけて快方に向かっていると実感できることが大切であるように、経営改善では小さな成功体験の積み重ねが必要です。

再生にとって必要なのは〝人材〟

危機的状況のなかで事業を再生し、継続していくために必要なもっとも重要な資産は、〝人〟です。社長一人ですべての業務がこなせるのであれば、縮小した個人事業主として再生していく方法もありますが、事業のビジネスモデルによっては、絶対に欠くことのできない社内の〝人〟がいますね。ですから、再生に向かう過程で、基本的に人員整理で辞めてもらうということはしません。もちろん大変な場面ですので、やる気がなかったり、待遇が悪くなることに不満があるのであれば辞めてもらわざるをえません。しかし、それは、危機的な状況になっていなくても、業況と人事評価を勘案した人員計画として通常の経営のなかで対応すべきことでしょう。そうなると、社長の不安は、「大切な社員も辞めていくのか」という言葉に集約されてくるのです。

とくにキーマンになる〝人〟とは、膝詰めで、きちんと会社の状況を説明しながら話し合う機会をもつことが大事です。それが、お互いに相容れない仲の悪い、いわゆるナンバー2であったとしてもです。そういう存在になっている人が、協力してもらわなければならない最重要な〝人〟である場合があるからです。

膝詰めで話すと、それを機にそのナンバー2は辞めていってしまうかもしれません。私の経験からいうと、そういう場面では、五分五分の割合で残って協力してくれます。事業とともに働く仲間のことを考えて、心底では社長を嫌っておらず一番のパートナーだと思ってくれていたり、あるいは恩義を感じている人であれば、「もっと、早くにこの場面を迎えるべきだった。みずくさいじゃないか」と、再生に向けてともに頑張ってくれます。しかし、辞めるという選択を取る人はいます。

はっきり言いましょう。辞めてもらってもよいのです。そうやって会社に残るか否かを選ばせることで、残った社員の自覚も上がります。キーマンが居なくなれば、残った社員の中に新たなキーマンが生まれます。必ずと言ってよいほど生まれます。社長が、頼りないと思って新たなキーマンを切り捨てない限り必ず居るのです。その人は口に出さなくても「大変だ、おれがなんとかしなきゃ」と思っています。そして、新たなキーマン以外の残った社員も、不安がありながらも希望をもっている。だから、残っているのです。行く場所がないから残っているとあなたがもし思うのなら、実はそれも同じ意味なのです。残された場所で何とか日常を取り戻す希望をもっているに過ぎません。

再生に向かう場面で、去っていく人には二種類あります。自分の力に自信がある人と、ただ、不安だからこの場を逃げるという人です。

よく、会社が危なくなると、有能な人ほど先に辞めていくともいわれますが、中小企業を見ると、キーマンや稼げる社員と社長は根っこでは非常に信頼関係が厚いことが多いものです。辞めていく有能な人が同業他社に移る、あるいは独立するとしても、その人をとりまく環境が、今より良くなる保障はないのです。ですから、有能な人ほど再生に向けて団結するケースが多いのです。

会社が危機に陥ると有能な社員から辞めていくというのは、ある程度基盤がきちんとしている業界や、大会社や中小でも規模の大きな会社によく見られます。それは有能な人を受け入れる先の選択肢が多いからです。しかし、そういう事態になっても、その規模の会社の社長にとっては恐怖でもなんでもありません。なぜなら、その規模の会社であれば、同じように有能な人を受け入れる体力があるので、その人に固執することもないからです。固執しているとすれば、その固執はきっと幻想です。

中小零細企業の社長とキーマンやその会社で稼げる人との関係は、多くの人員を抱える会社に比べて個と個の絆が強いという強みがあるのです。仲が悪くなっていても、話せば再び絆が深まる可能性は高いのです。それでも去って行くというのであれば、それは去ってもらってよいのです。残ったメンバーの中での新たなキーマンと仲間に意識を集中して再生していきましょう。

経験から言うと、五〇人以上の規模の会社になると、有能な人から出ていく傾向があります。なぜなら優秀な人は次に行く先が決まっていますし、社内の信頼関係も、人数が多いせいか希薄だからです。二〇～三〇人の規模だと、危機的状況になったときには、残った人の団結で再起を図るところが多いですね。

誤った思い込みでは「家族を守る」ことはできない

そんな、対外的なお金の不安に対応しながら、社内の人間関係にも対応しなければならない中で、経営の役割があるとはいえ社長も人間です。会社を離れれば、家族に接する時間が訪れます。破産して自宅を取られてしまうかもしれないという不安が圧しかかっている状態ですから、家族にも大きなストレスがかかっています。家庭内がぎすぎすして、家族の関係にひびが入るということもあります。

ある社長さんから、「大森さん、離婚しようと思っているんだけど、かみさんと話してもらえませんか」と言われて家に行ったことがあります。

社長の家に行ってみたら、社長と奥さんは、ほとんど話をしません。奥さんによると、家に帰ってきても、社長は誰とも口を利かずにいるというのです。話をしてくれないから、会社が大変らしいけど、どういう状況かわからない。ふさぎ込んでいるので、「どうしたの？」と心配して社長に話しかけても、逆切れしたり、家を出ていったりして、話をしてくれなかったというのです。

そこで、私からいろいろ説明して、「事業をなんとか再建していく方法はあるのです。奥さんはどう思いますか」と話しました。そしたら、奥さんは、はじめて事情を知って、「だったら、教えてくれればいいのに」と言いました。

社長はどうなんですか、と聞くと、「いや、俺も言わなくて悪かったけれど、迷惑をかけるのは悪いし、俺は別れようと思っているんだ」と言ってうつむいたまま沈黙。そこに突然娘さんが入ってきました。二三歳で結婚をひかえていました。外でそっと話を聞いていたんですね。「私知っていたよ。配達された通知とか見ていたし」と。きっと、差押え予告だろうなと思いました。社長が、誰かと電話で「家族には言えないので、自分でなんとかする」という話をしていたのを娘さんは聞いていたのでしょう。

その娘さんが、「家族でいられるんですね、そのために会社も続けられる方向で進んでいるんですね。やれる方法はあるんですね、大森さん。だったら、みんなで力を合わせてやろうよ」と言ったのです。

娘さんは、ご両親を前に大きな声で伝えました。娘さんは、普段は父親と話すこともなく、お母さんにも「私には私の人生がある」と心にもないことを言っていても、家族が心配で心配でしょうがなかったのに、何もできないことを悔しく思い、苛立っていたそうです。

そしたら、奥さんが泣き出して……。社長は目頭を熱くして、「もっと早く言えばよかった」と。

会社が大変なことになっているということを、家族に言わない社長が多いのです。ほとんどの社長がそうではないでしょうか。仕事の悩みは家庭に持ち込んではいけない、というのが常識になっていますから。

でも、それが事態を悪くするのです。迷惑をかけたくないからと誰にも言わないでいると、疑心暗鬼になったり、心理的にもおかしくなったりして、人間関係を壊してしまいます。離婚とか一家離散まで招いたりする。まるで二次災害みたいな話になっていきます。

一人で悩んで自殺をしてしまうとか、自殺したら生命保険金が入るからみんなに迷惑をかけないですむとか、勝手に自分で思い込んでしまう。

悲劇は間違った思い込みから起きるのです。

周りの関係者は、家族も含めて、「言ってくれたらよかったのに」と必ず言います。社員もそうだし、取引先もそうだし、銀行もそうなのです。「状況をきちんと説明してくれれば協力しますよ」というのが銀行のスタンスですから。

追い詰められた社長は、こんなこと話したら、みんなから総スカンだと思い込む。でも、実際は、会社でも家庭でも、ちゃんと説明すると、「みんなで頑張ろうよ」となることが多い。問題をこじらせるのは、多くの場合、社長の思い込みです。

思い込みの背景には、自分一人でやってきたという社長の自負もあるのでしょう。「社長は孤独だ」とよく言います。確かに孤独ですよね。話せないことがいっぱいある。でも、危機のときには、ぜひそこを踏み越えてほしい。

すぐに解決に結びつかなくてもよいのです。話を聞いた人が、絶妙なアドバイスをくれたり、お金を持ってきてくれるわけでもありません。でも、家族には、「こういうことで悩んでいるので、みんなとうまく接していないかもしれないけど、ごめんね。でも必ずなんとかするからね」でよいのです。

家族をはじめ、周りの人が、これだけはやめてほしいと思っているのは、社長が勝手にふさぎ込んで、勝手にいらいらして、勝手に家を出ていくということです。そして、最悪な独りよがりの解決方法として思いつく自殺。

自殺されて残された家族は、「苦しんでいる、悩んでいる」と言ってくれればそれなりの対応もできたのに、と後悔でいっぱいになります。心配をかけたくない、迷惑をかけたくないという優しさが、全然優しくない、本人の思いと正反対の結果になってしまうのです。たとえば、遺族に生命保険のお金が入るのであれば、相続ということで負債も背負う。株式も相続対象ですから、赤字会社も背負うことになるかもしれません。まして、飛び込み自殺、あるいは遭難や失踪で捜索ということになればその費用も遺族が負担することになります。決して本人の考えるように、丸く収まることはないのです。

この社長のように、迷惑をかけたくないから離婚するという話はよく聞く話ですが、そこには間違った考え方が根付いている気がします。

「離婚すれば財産を守れる」という誤解

家族を分断することで、危機を脱することができると世間では信じられているようですが、これは間違いです。

会社が傾いて支払いができず、家屋敷が差押えをされる、あるいは家を売らなければいけないとなったときに、離婚を考える人が多いようです。この社長だけでなく、相談にきていきなり、「こんな状態なので離婚しようと思います」という人がよくいます。夫婦仲が悪いのかと聞くと、そうではない。私が出会ったケースで、夫婦関係が破綻して分かれたケースはまれです。

本人が考え付くのは、一つのテクニックとしての離婚ですね。妻や子どもに迷惑をかけたくない、いざとなったとき取られそうな財産を家族に残してやりたいという動機なのですが、実はそんなことをしてもなんの解決にもなりません。テクニックでもなんでもない。

たとえば住宅ローンを組んで、奥さんと共同購入したり、奥さんが連帯保証をしている場合は、離婚してもその連帯保証がはずれるわけではありませんから、奥さんはずっと追及され続けます。

では、自宅を残すために、所有権の名義を奥さんに変えるというのはどうか。その家や土地に担保が付いている状態だと、名義変更には債権者の承諾が必要です。ここはよく間違うところなので説明しましょう。

婚姻を二〇年間継続したら、財産分与で奥さんに非課税で贈与できるという制度（贈与税の配偶者控除）があります。これを使って不動産の名義を奥さんに贈与で移したうえで、形だけ離婚するというやり方をする人がいます。

しかし、担保の付いている債権者の承諾のないままにこれをやり、その後、債務者であるご主人が支払いを怠るようになると、その名義変更が「資産逃し」とみなされる可能性がありま す。債権者が、「処分禁止のうえ、元に戻せ」と訴える手続きを取れば、名義変更は取り消され、その前の状態に戻され、売却を法的にも迫られることになります。借金から逃れるためだけに、資産を逃がすことは考えないことです。そんなことをしなくても自宅を守る手立てはあります。

仮に、ローンも抵当権も何も付いていない状態、つまり債権者に承諾を得る必要がない状態であれば、家屋敷の名義変更をするのになんの問題もありません。自分の財産をどう処分しようと自由ですから。ただし、名義を変えて直ぐに、支払いをまったくしないようなことがあると明らかに資産を逃す意図を見透かされますからダメです。

長く結婚していた配偶者には贈与税の控除枠があり、配偶者が名義として所有権を取得しても税金の対象にはならないという趣旨の制度があります。しかし、抵当権者、債権者がいる場合はやってはだめです。まったく無意味で、良かれと思ったことが裏目にでて、すべてを失う結果になりかねません。

抵当権が住宅ローンだけしかない場合でも同じことです。住宅ローンを融資した債権者がいますから。名義を移して返済を止めたら同じです。

借金から逃げることに右往左往して苦悩するのはやめましょう。借金と正面から向き合いながら対応する方が、守りたいものを守り、あなたも正々堂々と生きていけるのです。それが、あなたの本望でしょう。

第６章

再チャレンジできる世の中を

本章のキーワード

・日本の実態を把握する
・連帯保証人制度を廃止せよ
・貸し手もリスクを負う

数値で見る日本の実態

日本の総事業者数は、減少傾向にあるようですが、それでも約三八六万社あります。そのうち中小企業が九九・七％（さらに、その中小企業のなかでも小規模・零細企業といわれる事業者が八六・五％）を占めます。この九九・七％を占める中小企業の役員と従業員、小規模・零細企業の事業主は、その事業を継続することで生活の糧である収入を得て生活しています。その従業者数は約二八〇〇万人で、大企業を含めた総従業者数約四〇〇〇万人の約七〇％を占めることになります（数値の詳細は経済産業省や中小企業庁のホームページを参照して下さい）。つまり、この中小企業で働く人たちが、将来に向けて収入や貯蓄に安心感をもち〝家を持とうか〟とか〝たまには家族で旅行にでも行こうか〟という気持ちになるくらい消費に積極的にならないかぎり、実感として社会全体が豊かになっていかないのだと思うのです。

しかし、社会全体として、将来に向けて収入や貯蓄に安心感をもつことは、高度成長期の東京オリンピックや万博を経験した時代と比べ、バブルの崩壊から失われた二〇年を経ていく間に、難しくなってしまった気がします。その原因は、いくつかあげることができるでしょうし、いつの時代も国民すべてが裕福で安心で幸せという時代はなかったのかもしれません。しかし、多くの国民の収入や資産が減少傾向のまま推移し、年代を問わず将来に対する不安を増大させる世の中が続いていくのは困りますね。

いまは状況が悪くなっているが、日本という国はきっと私たちを助けてくれる、そんな漠然とした期待感というか、楽観的な考えをもっている方もいるでしょう。私もこの仕事に入る前まではそう思っていました。しかし、今は違います。「自分で知恵を絞って、主体的になんとかしようとしなければ、なんともならない」と思っています。また、「あきらめなければ、必ず出口はある」とも思っています。

みんなが〝おかしい〟と思っている再生現場

今の日本は、中小企業が全事業者の九九・七％も占めるにもかかわらず、危機に陥った中小企業に対する救済方法や、中小企業で働く人に対するセーフティネットが不十分です。何が不十分なのかというと、事業を起こし、融資を得て、計画どおりにいかず、見込みが外れてしまったときの銀行の対応と、再生に向けての法律や制度が不十分なのです。

大企業やそれに準ずる中堅企業や株式を証券取引所に上場している会社は、資金繰りが逼迫して倒産しそうになれば、従業員数、取引先や株主の数、そして金額から社会に対する影響が大きいということで、ときには国が救済策を講じてくれます。銀行は一部債権放棄したり、ときには再生のための追加融資までする場合もあります。経営陣の役員は、その会社を退くことはあるかもしれませんが、次の事業を起こしたり、どこかの代表取締役になることもできます。従業員も退職金は払われ、失業保険を得ながら次の就業先を見つけるための余裕もあります。

しかし、一般の中小企業はどうかといえば、資金繰りが逼迫して倒産しそうになると、自らの手で経営改善計画書を作成する必要があります。助けてくれる公共的な機関としては、全国に中小企業再生支援協議会という組織があります。担当する専門家は、税理士や弁護士です。再生支援も規定の範囲でおこなってくれます。銀行も元金の返済猶予は承諾してくれるでしょう。ただし、それも三ヵ月から一年までが一般的です。中小零細規模の会社が一年で通常返済に戻るまでに業績が回復するというのは、「新たな収益事業を一つ取り入れてうまくいった！」といったことがなければ不可能でしょう。

実際のところ、中小零細規模の会社ができるのは、既存の事業において、取引先もそのままで、売上げや利益が微増していくなかで、できる範囲のことでしょう。業務の効率化、人件費や諸経費の見直し、最小限のコストでの投資、たとえば今の事業から派生する商品の販売や受注に挑戦してみるといったことです。そうなのです。一年で業績回復するなどということは現実的ではないのです。もっと時間がかかる。三年から五年の中期計画でなければ、実現できないのです。事業者にしてみれば当たり前のこの感覚が、銀行や制度を作る国には欠けているのです。中小企業の社長さんたちが社会に怒っているような姿が滑稽に報道されることがありますが、少しもおかしいことはない。それがまともな反応なのです。

そして、売上げがあるにもかかわらず、資金繰りができないために倒産という状態になりそうなときに、再生法である民事再生や会社更生、破産などの法律や裁判外紛争解決のADRを活用しようとすると、何より経営者が戸惑うのは、残っていた売掛金や最後の虎の子のお金を取引先やどうしても迷惑をかけたくない親類知人に少しでも優先的に払いたいと思っても、裁判所への予納金や弁護士への手付金で使わなければならないという何とも言えない口惜しさ、その大切な人たちへの債務は、銀行債務と同じ扱いをされてしまうという悲しさです。担保に取られていれば、むしろ銀行の方が優先されてしまう。決意を固めると、経営者が主体的に使える資産は限られてしまい、弁護士に任せるしかないのです。

さらに、経営者は、連帯保証をしていれば、個人の資産にまで危害が及ぶ可能性もあります。大企業ではこのような不幸はほとんどありません。そして、個人の資産を失ったばかりでなく、信用情報まで影響を受けた中小企業の経営者は融資が受けにくくなり、次に事業を起こすことも難しい状況に陥るのです。また、法的手続きで同業界に通知のみで突然支払いを止める対応をしてしまった経営者は、同業他社での受入れも敬遠されがちになってしまう現実があります。従業員にしても、退職金すら払えない場合もあるのです。こうしてみれば、総事業者の九九・七％を占める中小企業と、総従業者の九二％を占める約三七〇〇万人の中小企業従業者に対する救済方法やセーフティネットはやはり不十分と言わざるをえません。

低迷する中小企業の経営

倒産件数が一気に増えるのが一九九八年で、前年比二割増と異常な年になりました。前年の九七年は、日本長期信用金庫や山一證券が破綻した年で、いわゆる金融危機が起きました。金融機関に対して自己資本比率検査が強化されて、銀行などが「貸し渋り」「貸し剝がし」をおこなったことが、背景にあります。その後倒産件数は若干減少していくのですが、二〇〇八年のリーマンショックに向かって件数は増大していき、その年の下期に半期で約七〇〇〇件のピークを迎えます。そのあと、数年高止まり状態があって、少しずつ減ってきました。今年も前年比で減ったといわれますが、東日本大震災の復興需要と中小企業の倒産を防ぐためのいろいろな施策によるものでしょう。

倒産件数が減っていることには、いろいろな理由がつけられるでしょう。企業の統廃合が一段落したとか、金融円滑化法の施行で中小企業が倒産せずにすんだとか、震災後の中小企業支援策が功を奏していることもあるでしょう。しかし、経済が上向いて倒産件数が減っているわけではないと思うのです。どの業種においても、国内外の消費が落ち、売上げ減少、利益縮小に頭を悩ませているように感じます。とは言え、年間約一万件の倒産がある状況が続いているのです（それは帝国データバンクの指標でも確認できます）。

経済的要因で自殺する日本人

平成大不況は自殺の増加をもたらしたといわれます。日本では一九九八年以降二〇一一年まで自殺者が年間三万人を超えて問題になりました。減ったとはいえ一三年も二万七〇〇〇人を超えています。交通事故死の年間五〇〇〇人弱と比べると異様な数です。日本の自殺の特徴は、経済的な要因との関連が非常に高いことです。自殺の原因・動機のうち、「経済・生活問題」と「勤務問題」が約二六％。私の現場実感からもそうだろうなとうなづけます。

自殺者年間三万人を突破したのが、金融危機で倒産が一気に増えた一九九八年です。一九九七年から九八年にかけて、二万四三九一人から三万二八六三人へと約三五％急増しています。とくに、一九九八年の決算期の三月が非常に多かった。

統計でも、自殺者に占める中小零細企業の社長さんたちの割合が多い。有職者の自殺者のうち、被雇用者が七二七二人、これに対して自営業者と家族従事者は二一二九人もいます。実際に、社長さんたちが死を選ぶという話をよく聞きますし、相談者が「自殺しようと思っている」と言ってくることもしばしばです。

この本を出す目的の一つは、お金に関する、こういう悲劇を食い止めることです。

自殺するには、もちろん、いろいろな要因があるし、最終的には、その人の心の持ちようによるわけですが、あきらめて欲しくないし、私は、食い止めることをあきらめたくないと思っています。

この本では、まず、危機に陥った経営者に、逃げないで下さい、金融機関を怖れないようにしましょう、たかがお金のことで死んじゃだめだよ、と気持ちの持ちようを訴えました。そして、今ある制度を上手に利用すれば、苦境を乗り越える道があるし、破壊的なハードランディングを避けられますよと実例もあげて紹介してきました。あきらめてはダメです。

連帯保証人制度を改めよ

日本のいまある制度で、〝これは酷い、抜本的に改めるべきだ〟と思っているのが、連帯保証人制度です。破産債務者の四人に一人は、連帯保証がらみです。世間では、「連帯保証人になるのは怖い」とよく言われますが、本当の怖さは、意外に知られていません。

私の親戚で資産家だった人が、友達の連帯保証人になって、家屋敷、田畑はじめ全財産を失ったうえ、夜逃げしてしまいました。いまどこにいるかもわかりません。友達がどんな事業をしているかもよく知らないで気軽にハンコを押したら、だいぶ経って、忘れたころにいきなり「払いなさい」ときたようです。私が学生の頃の記憶ですから、今なら対応できることもあったかもしれません。
金融機関は、企業への融資、とくに信用力が劣る中小零細企業への融資には、ほとんどの場合、担保や連帯保証人を要求します。社長はもちろん、場合によっては、第三者の連帯保証人を要求されることがあります。親兄弟、親戚や世話になった人に「頼むよ」と言われると断りづらいし、「形だけだから」などと言われて、本当のリスクを理解しないままにハンコを押してしまう。注意しなくてはいけないのは、連帯保証人とふつうの保証人は全然違うということです。

「連帯」がつくのとつかないのとでは、責任度合がまったくと言っていいほど違う。単なる保証人なら、「催告の抗弁」ができます。これは、保証人が債権者から「払え」と言われたら、自分に請求する前に、まず主たる債務者（主務者）に請求せよと抗弁する権利です。なおかつ「検索の抗弁」もできる。これは債権者に対して、主務者の財産に執行するまで保証債務の履行を拒むことができる権利です。つまり、単なる保証人であれば、銀行などの債権者が自分のところに来たら、主債務者に先に請求し、そちらの財産から先に取り立ててくれと言えるのです。これを保証人の「補充性」といいます。

保証人は、あくまで補充的、補完的な立場だということですね。保証人が、「順番というものがあるでしょう。まず主務者から取り立てるのが先でしょう」というのは当然に思えます。

これが保証人になることだと思っている人が多い。ところが、「連帯」という二文字がついて「連帯保証人」となると、催告の抗弁権も検索の抗弁権も一切使えないのです。

もう一つ間違った理解が多いのが、「分別の利益」です。これは保証人が複数いるとき、一人の保証人は、債務の総額を保証人の人数で割った分しか責任をもたなくてよいという保証人に有利な制度ですが、連帯保証人だとこれもなくなります。つまり、他に保証人が何人いようが、連帯保証人であるなら、全部自分が引き受けなければならない、ということです。

つまり、銀行などの債権者は、主たる債務者が自己破産して取り立てられなくなった場合はもちろんですが、たとえ、主債務者が事業をまだやっていて資産がある状態であっても、その主債務者が返済をしなければ、直接に連帯保証人に全額、しかも一括での債務の履行を迫ることができるのです。連帯保証人は、債務者と同じ返済義務を負うということです。事実上の無限責任です。

第三者がこの連帯保証人になるから、なお悲劇的なことになります。もし、その会社から利益を得たり、会社の資金繰りや経営状態をわかっている人ならまだしも、どんな事業かも知らないで、頼まれたからとハンコをつき、忘れたころに突然、債務を全部すぐに返せといわれた人は驚愕してパニックになります。こうしたケースが本当にあるのです。何の見返りもなく、リスクしかない恐るべき制度です。

知っておきたい基礎知識⑧

自己破産

破産とは、債務者が経済的に破綻して返済できなくなった場合に、債務者の財産を債権者に公平に配分するための法的手続きをいう。

通常は、破産の申立と免責許可申立をし、破産の手続きが終わった後に裁判所が「免責許可決定」を出し、債務者は一切の借金を支払わなくてもよいことになる。ここに晴れて借金がチャラになるのである。

破産手続きが始まると大きく２つのコースに分かれる。債務者に不動産や預金など、ある程度の財産（50万円ほど）があれば「管財事件」になり、財産がなければ「同時廃止」となる。前者では、裁判所が破産管財人を選任し、債務者の財産が処分（換価）され債権者に分配（配当）される。手続きに時間がかかり予納金や弁護士費用も大きくなる。一方、財産のない債務者は、破産手続き開始と同時に手続きを終える「同時廃止」となる。自己破産する人の９割を占め、手続きはすぐ終わり、かかるお金も少額で済む。ただし、事業主や法人の代表者には「同時廃止」は認められない。

破産手続きを開始すると、自分で財産を処分することができなくなるほか、勝手に転居したり海外旅行など長期の旅行に出ることはできなくなる。選挙・被選挙権を失うことはない。申請から免責決定までの期間は就業する職種に制限があるが、これは手続き期間中だけで、免責決定が出た瞬間にこれらの制限はなくなる。

また、財産が処分されると言っても、99万円までの現金や家具、農機具、魚網など生活や仕事の継続に必要な財産は対象外である。

法律を使った再生手続きには、破産のほかに民事再生、会社更生、ＡＤＲ（裁判外紛争解決手続）などさまざまある。本書では、法律を使わない自主的な再建を強く勧めているが、法的な処理が必要になることもあろう。その場合は、信頼できるコンサルタントや弁護士に相談しながら、自分の状況に合った解決策を見つけてほしい。

しかも、連帯保証人が亡くなっても、その連帯保証は消えません。相続手続きを適切にやらないと、子どもにいきなり何千万円払えと催告がきて、ずっと前に死んだおやじが、誰か知らない人の連帯保証人になっていたことをはじめて子どもが知ったなどという事例も珍しくありません。

これはもう社会問題ですね。いま、民法（債権関係）の改正に関する議論がすすんでいますが、法制審議会のなかでも、「個人の保証人が必ずしも想定していなかった多額の保証債務の履行を求められ、生活の破綻に追い込まれるような事例が後を絶たない」「自殺の大きな要因ともなっている連帯保証制度を廃止すべきであるなどの指摘もある」などの意見が出て、連帯保証人制度が大きな論点になっているようです。さらに、第三者はもとより、中小企業の経営者である代表取締役にも連帯保証を取らない融資が一部では始まり、すでに借り入れている債務の連帯保証にも、代表者である個人の資産に対して過度の連帯保証の履行を求めないという流れです。具体的には、事業が倒産状態になって返済ができなくなったときに、再生の法律を使わなくても、自宅等の資産を売却した後の残債務は免除し、債権者との和解ができるようになってきました。

中小企業白書によれば、経営者が「倒産するにあたって最も心配したこと」は、「従業員の失業（二三・八％）」に次いで、「保証人への影響（二一・三％）」となり、「家族への影響

（一九・五％）」よりも多いという結果になっています。連帯保証制度の見直しが、これからも進んでいくでしょう。突然付き付けられる忘れていたような債務、自分が使ったわけでもない借入の返済で悩み苦しむ人を生む制度、代表者だというだけで事業に関係ない家族の生活まで崩壊させてしまう人を生む制度、こんな不幸を生む連帯保証の制度が必要な理由などないと思っています。

貸し手もリスクを負う

連帯保証人の制度や、担保の差入れの制度がなくならない理由はただ一つ、貸し手が損をしないためです。元々は貸し手であった私からすれば、それがなくては恐くてお金なんか貸せないし、連帯保証人もなく、担保も取らずお金を貸して、返ってこなければ、貸すための資金を調達した先からの資金は受けられません。銀行であれば、それは預金者のお金ですから、そのお金を使うことが許されなくなります。貸金業者であれ、銀行であれ、監督官庁からの調査、監査のときに、連帯保証人もなく、担保も取らずお金を貸して、返ってこないお金があれば、最悪だと貸金業ができなくなります。だから貸金に対しての保全措置を講じなければならない。しかし、本当にそうでしょうか、大前提として〝貸し手は絶対に損をしてはいけない〟というところに無理な前提を課しているのではないでしょうか。昔からのことばに「貸したお金はあげたものと思え、それができないなら貸すな」というものがあります。しかし、そう思って貸金業をすべきだとは言えません。私ももともとは貸し手側ですから。

大前提を、〝お金を貸せば返ってこないリスクは貸し手も負う。貸したお金が返ってくるように借り手と流動的に返済方法を確認していけばよい〟とした方がよいのではないかと思います。そうすれば、貸し倒れのリスクは信用のもとに抑えられる。返済に窮した債務者から早急に回収を図ること、返せないと決着を付けて終わらせることに債権者が全精力を注ぐのは、貸し手も借り手も疲弊し不幸を生み出すだけです。借り手が返済に窮したときに実益を双方が得るには、流動的な条件の見直しが必要です。

今の連帯保証制度の見直しは、社会問題として債務者の不幸な結末を回避することを目的にしているように思いますが、貸し手に損を容認しろというだけでは、この連帯保証制度の撤廃は加速できないかもしれません。自らの行動の中で実務的にこの問題に対処することはできます。その方法がこの本の中にはあります。もっと具体的な話をご希望であれば、私に会いに来ていただきたい。

復活のチャンスをつぶすな

もし、会社が失敗して、金融の事故（返済できない）になった、会社を潰さざるをえなくなったというときに、金融事故の履歴が連帯保証をしていれば、代表者個人にも載ってしまいます。この人が次に何か事業をしようと融資を申し込んだとしても、この履歴があるがために、どんなに良い事業でもお金は調達できないでしょう。これが実態です。

一度、会社がだめになったとしても、その人が復活して、また何かの事業をやろうというときには、応援できる態勢にしないと、中小企業で成り立つこの日本は衰退してしまいます。ただでさえ、人口減少で就業者も減少していくのが確実になっているなかで、一回失敗したら、もう復活はできないと思えという世の中を続けるなら、果敢に起業しようという人もいなくなってしまうでしょう。再チャレンジの芽が摘まれてしまう世の中は希望がありません。

現行の金融機関の制度では、一回でも失敗した個人にとって、復活できるチャンスは少ないのです。ある潰れた会社の代表者が連帯保証をしていたとします。その人は経験を生かして、ほかの会社に入ってバリバリ仕事して役員、あるいは、社長になりました。大きいビジネスチャンスがきました。代表者の連帯保証人をまた入れるときに、個人の審査をします。〝事故歴がありますね。ではできません〟となったら、この人は復活が難しくなってしまいます。

中小企業のトップにいる人は、そもそも創造的でやる気のある人が多いわけですから、再チャレンジがし易い世の中であれば、社会的な人的資産を生かすことになります。現行の金融の仕組みのなかでは実にもったいないことになっています。前に出たい人には、どんどん前に出てもらって、社会を引っぱっていってほしい。それを後押しする世の中にしなければいけないと思います。

おわりに

日本は、国民が裕福になるために前を向けていた高度経済成長期の姿から、財政赤字と、社会保障システム維持が困難なほどに少子高齢化が進み、将来に対して今痛みを分け合おうという後ろ向きな姿に変わってしまいました。富の分配から、負担の分担へ様相が変わったのです。しかし、どう変わろうとも、私たちは経済活動をおこないながら生活の糧を得ていかなければなりません。政権が変わろうとも、グローバル化が進もうとも、私たちは日本の中で生産しモノや労働を提供しながら生活の糧を得ていくことに変わりはないのです。

一方、時代の変化に対応して変わるべき法律や制度が時代に適合できなくなっています。とくに金融の仕組みや制度がそうです。法人に対しては、現状を基に右肩上がりで資産が増えることを前提に七年で完済するような融資がおこなわれています。個人の住宅ローンにいたっては、終身雇用、年次昇給、退職金ありきで三五年もの長期融資が実行されています。この時代の状況に合わせるなら、返済条件を流動的に見直せるように変えなければいけないのではないでしょうか。

しかし、仕組みや制度を国や官僚が変えてくれるのを待って社会に文句を言っても意味はありません。だからこそ、私たちは、本質的なところから、知恵を絞って、自らの交渉によって流動的な返済ができるようにしなければなりません。そうすることの積み重ねが制度へ繋がっていくと思います。社会や外的環境に文句を言っても、私たち自身の生活を守れるわけではありません。だからと言ってあきらめる必要もない。私たちは自らの手で事業や個人の生活を守ることができると思います。時代がどう変わろうとも生きていくことをあきらめるわけにはいかないのですから、守るべき事業や家族のために一緒に知恵を絞って行動していきましょう。

前作を書き直し、世に出す必要があると、株式会社アセットアシストコンサルタントの野呂一哉社長、クライアントである会社の多くの社長、提携先の会社や士業の方から助言をいただき、本書を出すこととなりました。出版元の旬報社の木内洋育社長も快く協力してくださいました。

皆様に感謝とお礼を申し上げます。皆様本当にありがとうございます。心から御礼申し上げるとともに、本書を通じて一人でも多くの人が希望を見出していただければと祈っております。

二〇一四年一一月

大森雅美

[著者紹介]
大森雅美（おおもり・まさみ）
事業再生を得意とする経営コンサルタント。1970年生まれ。神奈川大学法学部卒業。株式会社アセットアシストコンサルタントのＣＥＯ兼統括コンサルタントとして日々活動中。著書に『あきらめるのは早すぎる―大森雅美の目からウロコの事業再生術』（2012年、旬報社）。

株式会社アセットアシストコンサルタント
〒101-0032東京都千代田区岩本町3-11-8イワモトチョウビル223
Tel：03-5823-1216　Fax：03-5823-1226
ホームページ：http://aa-c.co.jp/　e-Mail：info@aa-c.co.jp

銀行から融資を受ける前に読む
――資金繰り表を活用した事業再生術

2015年1月30日　初版第１刷発行

著者――――――大森雅美
デザイン―――河田　純
発行者―――――木内洋育
発行所　　　　株式会社旬報社
〒112-0015 東京都文京区目白台2-14-13
TEL 03-3943-9911　FAX 03-3943-8396
ホームページ http://www.junposha.com/
印刷・製本――株式会社マチダ印刷

ISBN978-4-8451-1394-1